世界金融史

泡沫、战争与股票市场

| 珍藏版 |

WORLD
FINANCIAL
HISTORY

[日] 板谷敏彦 著　王宇新 译

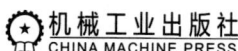

图书在版编目（CIP）数据

世界金融史：泡沫、战争与股票市场：珍藏版／（日）板谷敏彦著；王宇新译. -- 北京：机械工业出版社，2022.6（2025.11 重印）
ISBN 978-7-111-71161-2

I. ①世… II. ①板… ②王… III. ①金融-经济史-世界 IV. ①F831.9

中国版本图书馆CIP数据核字（2022）第115076号

北京市版权局著作权合同登记　图字：01-2018-1329号。

KINYU NO SEKAISHI-BABURU TO SENSOU TO KABUSHIKI-SHIJYO
By Itaya Toshihiko
Copyright © 2013 Itaya Toshihiko
Simplified Chinese Translation Copyright © 2022 by China Machine Press.
Simplified Chinese translation rights arranged with SHINCHOSHA Publishing Co.,Ltd. through Bardon-Chinese Media Agency. This edition is authorized for sale in the Chinese mainland (excluding Hong Kong SAR, Macao SAR and Taiwan).

No part of this book may be reproduced or transmitted in any form or by any means, electronic or mechanical, including photocopying, recording or any information storage and retrieval system, without permission, in writing, from the publisher.

All rights reserved.

本书中文简体字版由新潮社通过Bardon-Chinese Media Agency授权机械工业出版社在中国大陆地区（不包括香港、澳门特别行政区及台湾地区）独家出版发行。未经出版者书面许可，不得以任何方式抄袭、复制或节录本书中的任何部分。

世界金融史：泡沫、战争与股票市场（珍藏版）

出版发行：机械工业出版社（北京市西城区百万庄大街22号　邮政编码：100037）
责任编辑：顾　煦
责任校对：殷　虹
印　　刷：河北宝昌佳彩印刷有限公司
版　　次：2025年11月第1版第14次印刷
开　　本：147mm×210mm　1/32
印　　张：11.5
书　　号：ISBN 978-7-111-71161-2
定　　价：79.00元

客服电话：（010）88361066　68326294

版权所有・侵权必究
封底无防伪标均为盗版

前　言

说起"金融",很多人会觉得这是一门艰深的学问。一般认为,在日本,"金融"一词出现在明治时期[一],对应英语中的"finance"。福泽谕吉所著《西洋事情》中有这样一句话:"繁盛金币之融通可为世间之便益","金融"应该是从"金币之融通"缩略而来。

另外,"融通"一词在江户幕府末期[二]意为"货币流通",该词原本为佛教用语,为"(事物之间)顺畅地交流"之意。因此,"金融"不仅指货币的借贷,还指货币借贷畅通且繁荣的社会体系。

[一] 日本明治时期从公元1868年至公元1912年。——译者注
[二] 日本江户幕府时期从公元1603年至公元1867年。——译者注

英语中表示"金融"之意的"finance"，则产生于17世纪。其中的词根"fin"与法国电影的片尾字幕"fin"同源，相当于英语"The End"（剧终），原意为"还清欠款"，拖欠债款的行为属于强取豪夺，并不被称为"finance"。当时，社会状况正处于转变之际——之前王侯将相欠债还不是司空见惯的事，然而此时，已经进入了国债发行的时代。也许正是由于这种时代背景，人们使用了两个不同的词来分别指代这两个事物。当然这种解释只是一种假说，无从证明。

在一对一货币借贷的情况下，债务人将利息额度和还本付息的期限记在借据上，并将其交给债权人，这是金融的基本形式，早在美索不达米亚文明时期就已出现（下文中将详细叙述）。当时用黏土制成的泥板借据一直留存至今。然而这种形式使交易局限于熟人和朋友之间，因此不适用于较大金额的借贷。如果想借入一大笔钱，就需要扩大范围，从多人手中筹集借款。于是专业的中介商应运而生。中介商会根据借据，帮助借款人在其社交圈之外寻找贷款人。如果总是介绍欠债不还的借款人，中介商也会失去信用，因此中介商需要慎重选择借款人。同时中介商可获取手续费，即中介费。像这种贷款人根据借款人发放的借据直接提供金钱融资的方式就是"直接金融"，该借据被称为债券，而中介商所从事的业务则为证券业务。在这一借贷过程中，中介商是不使用自己的资金的。由于中介商个人寻找贷款人效率较低（成本较高），于是渐渐地，个体中介商开始联合，并形成了市场。

另外，每当需要借款的时候再寻找贷款人不仅费时费力，而且资金通常难以及时到位。于是，便有一些信誉较好的富人，预先从有贷款意向的人手中借来资金（也可以说是寄存），将这些资金储备起来并给出资人发放借据，该借据即是存折。如果有人想借款，便可随时从储备的资金中提出并发放贷款。这种方式与最初的借贷方式不同，贷款人和借款人之间并不存在直接的借据往来，因此被称为"间接金融"，其中的资金发放行为是一种银行业务，被称为"融资"（贷款）。此外银行预测，存款人不会在借款人借出款项的同时，要求银行偿还这部分资金（取款行为），于是出现了以超出储备资金的额度提供贷款的方法（信用创造）。如果银行没有信用，人们就不会将资金存入银行（或者说借给银行）。这也解释了为什么从古至今，银行建筑总是壮观奢华。

再来谈谈什么是股票。金融并非仅限于货币的借贷。一般来说，债券都有偿还期限，需要规定何时还款，然而股票却没有，这是其基本特征。但是，股票不设置偿还期限的历史并不长。以前，股票也需要定期清算，并将资金返还给出资人，其期限可能以贸易商人的一次航海为单位,或者以一年为单位。股票虽然是贷款的延伸,却并不需要商定保本付息等条件,而是需要借款人承诺,在其事业获得收益时支付给投资者一定的分成(分红)。虽然贷款人可能面临借款人无力偿还债款的风险,但是与之相应的高额回报率(收益)也十分诱人。否则,不会有人愿意出资。股票的这种特征源于17世纪初期荷兰东印度公司的业务调整。该公司花费数年时间在亚洲建立贸易据点,而第一年结算必定毫无收益,这便导致了收益周期延长,于是该公司索性延长了股票的偿还期限(清算期限)。

投资者们(股东)出资创立公司,然而其中有些投资者(债券持有者)并不奢望"赚大钱",只希望到期能够获得本息。另外,银行等金融机构重视信用,利用储户的资金(存款)进行运作,与赚大钱相比,它们更期望获得稳定的收益,因此更倾向于融资和债券,而非股票。

于是公司在发行股票的同时,还会发行债券(相当于借据)进行筹款。通过借款获利的是股东,股东投入公司运营的可用资金超出了自己的实际出资额,而且即使获得了大笔收益,也只需向债权人支付利息。然而现实并非总是一帆风顺。如果公司经营受挫,债权人会要求公司经营者和股东偿还借出的资金。实际上在19世纪之前,股东基本为无限责任,即债权人要求还款时,股东需向债权人偿还高于投资额(且股票失去价值)的资金。因此以前成为股东是有门槛的，即拥有足够资产，能够在紧要关头提供超过投资额度的资金。然而满足这一条件能够成为股东的只有一些大富豪，实际上此类公司也并不多。

17世纪初期，世界范围内只有金融业的领军者——荷兰东印度公司实行了股东有限责任制。此后，该形式渐渐普及开来，19世纪，在美国，股东的有限责任制被确立为一项制度。此后，在交易所内，人们可以不必关注对方的底细，仅需依据市场行情，进行股票的买卖。如果没有这一背景，资本主义经济也不可能获得今天的发展。当然，随着股东有限责任制的确立，债权人在贷款给公司时无疑比以前更加慎重。他们会仔细查阅结算报告，检查有限责任的股东是否获得额外的分红，股东是否将部分股本用于分红。

可以发现，笔者在说明金融体制的过程中，竟完全转入了历史话题。此外，各位在世界史的课程中，都应该学习过荷兰东印度公司的历史，而其在金融史中的地位之重要恐怕是大家始料未及的。

金融中心，或者说金融市场的中心经历了从意大利到布鲁日、安特卫普、阿姆斯特丹、伦敦再到纽约的变迁，而每次转移都有其明确的理由。为什么欧洲的金融家会转移阵地呢？伦巴第街是伦敦的金融街，由于这条街上的很多金融家都来自意大利伦巴第地区（米兰也位于伦巴第地区），因此而得名。各位根据曾经学习过的世界史知识，如果改变一下视角，从金融的角度重新审视，可以形成不一样的历史观。希望读者在阅读本书时，能够像阅读"酒的历史""食物的历史"那样，发现"金融史"的乐趣。

笔者多年来一直以国内外投资机构为客户进行商务活动，自《日俄战争：筹资之战》出版以来，笔者有了更多机会接触个体投资者。其中有很多投资者表示，希望能够读到简明易懂的金融史通史，这也是笔者撰写本书最直接的原因。撰写目的非常单纯，就是希望投资者能够掌握相关的历史知识，以加深对当前经济形势和行情的理解。因此，笔者在书中有意回避了意识形态化的历史观以及有失偏颇的特殊话题，例如"赚钱的历史"、"屡次重复的愚蠢的泡沫经济"、日本衰败论与繁荣论等。

另外，对于过去几乎不被提及的第二次世界大战中的股市情况，战后日本国民如何应对通货膨胀，以及美元兑换日元汇率的长期变化、趋势等问题，笔者尽量进行了简明的论述。

说到底，金融史也是一部寄托于金钱的人类欲望的历史。2008年，雷曼危机让世界陷入金融危机的旋涡。由于自身的欲望，人类自古就不断重蹈覆辙。然而不可否认的是，人类所掌握的金融技术，在漫长的岁月变迁中也在逐步改善。金融在被用于筹集军费的同时，也在发挥着积极的作用，如国债的发明、企业的创建、为人才精英提供资金等。此外，在铺设铁路、研发飞机、研制新药，以及通过互联网建立覆盖全球的信息网络等方面，金融都起到了协助、促进的作用。希望本书能够帮助各位读者进一步了解"金融"。

本书基于富士产经集团发行的金融日报 *Business i* 从2012年7月至2013年2月连载的《投资者必读金融史》的71节内容，以及刊登于《经济学人》周刊的文章，在此基础之上进行了大幅度的扩充与修订，专供日本新潮社出版发行。

目 录

前言

第一章 利息和银行都出现在货币之前 001
第一回　美索不达米亚的泥板　　003
第二回　《汉谟拉比法典》对利率上限的管制　　006
第三回　公元前的商人银行　　011
第四回　牛、谷物与利息　　015

第二章 货币的幻想 019
第五回　狄奥尼西奥斯的还债方法　　021
第六回　纸币是中国的发明　　025
第七回　日本货币的历史　　029
第八回　大石币的故事　　033

第三章　亚里士多德的金融观　　037

第九回　世界最早的期权交易　　039

第十回　亚里士多德的"致富术"　　042

第十一回　古希腊的货币兑换商　　046

第十二回　《罗马法》对于财产权的确立　　049

第四章　中世纪的宗教和金融　　051

第十三回　中世纪基督教的金融政策　　053

第十四回　"伊斯兰治下的和平"的恩惠　　056

第十五回　斐波那契的伟大贡献　　060

第十六回　达蒂尼的书信——充满生机的地中海世界　　064

第十七回　现代会计之父——卢卡·帕乔利　　068

第十八回　威尼斯的功绩——银行的设立　　071

第五章　大航海时代　　075

第十九回　创业者的时代　　077

第二十回　来自新大陆的白银——价格革命　　082

第二十一回　美元的起源　　086

第二十二回　英国繁荣的奠基人——海盗　　090

第二十三回　再论《威尼斯商人的资本论》　　095

第六章　东印度公司和交易所　　099

第二十四回　公司的诞生——特许股票和无限责任　　101

第二十五回　东印度公司　　105

| 第二十六回 | 交易所的历史 | 109 |
| 第二十七回 | 郁金香泡沫、加尔文派与贪欲 | 113 |

第七章　国债和保险的诞生　117

第二十八回	国债的诞生——财政制度的大变革	119
第二十九回	财产损失保险的诞生——劳埃德咖啡馆	123
第三十回	多样化的生命保险起源	127

第八章　密西西比公司和南海公司　131

第三十一回	战争债务处理——南海公司的股票募集	133
第三十二回	约翰·劳收购密西西比公司	137
第三十三回	破灭的英法泡沫经济——资本积累的明与暗	142
第三十四回	梧桐树协议	146
第三十五回	大坂堂岛大米会所	149

第九章　从阿姆斯特丹到伦敦　155

第三十六回	苏格兰寡妇基金和统一公债	157
第三十七回	拿破仑与伦敦市场	161
第三十八回	牛顿与金本位制	165
第三十九回	国际货币会议与货币联盟	169

第十章　从英国到美国　173

| 第四十回 | 有限责任制与股市发展的基础 | 175 |
| 第四十一回 | 铁路与股票市场 | 179 |

| 第四十二回 | 南北战争与零售销售 | 182 |
| 第四十三回 | 媒体与道琼斯股价指数 | 186 |

第十一章　战争与恐慌　191

第四十四回	日俄战争中的国际合作融资	193
第四十五回	一战与有价证券的大众化	197
第四十六回	魏玛共和国的恶性通货膨胀	201
第四十七回	股市震荡与卓别林的《城市之光》	207
第四十八回	长期投资的幻影与股价回升	211
第四十九回	皮科拉听证会与《格拉斯-斯蒂格尔法案》	216

第十二章　二战前后的日本金融市场　221

第五十回	一战前的股票指数	223
第五十一回	二战前的美元日元汇率	227
第五十二回	二战与东京股票市场	232
第五十三回	二战前日本的投资信托	237
第五十四回	废墟上的两次股票热潮	242

第十三章　从战后到尼克松冲击　247

第五十五回	二战与纽约市场	249
第五十六回	布雷顿森林货币体系与GATT	254
第五十七回	美国的"黄金60年代"和利率革命	258
第五十八回	"赶超欧美"的日本经济高度增长	263
第五十九回	二战后投资信托的盛衰与证券恐慌	267
第六十回	尼克松冲击与金融科技	272

XIII

第十四章　日本泡沫经济的形成　　277

第六十一回　70年代的通货膨胀和里根总统　　279

第六十二回　广场协议　　283

第六十三回　黑色星期一与流动性　　287

第六十四回　从金融制度看日本泡沫经济的形成　　294

第十五章　投资理论的发展　　299

第六十五回　技术分析和投资银行　　301

第六十六回　考尔斯经济研究委员会与股市预测　　307

第六十七回　随机漫步理论和有效市场假说　　311

第六十八回　运筹学与资产配置　　316

第六十九回　指数基金　　322

第七十回　巴菲特论战詹森　　327

第七十一回　对有效市场假说的批驳　　333

第七十二回　大稳健时代与美国金融危机　　339

参考文献　　347

后记　　349

第一章

利息和银行都出现在货币之前

第一回

美索不达米亚的泥板

酒大致可以分为蒸馏酒和酿造酒两类，前者如威士忌、白兰地、烧酒等，后者如葡萄酒、啤酒、日本清酒等。从出现顺序来看，无须使用蒸馏设备的酿造酒最先问世。葡萄酒和啤酒的历史固然颇为悠久，但一般认为，人类最早制得的酒类，是 14 000 年前以蜂蜜为原料酿造的蜂蜜酒。虽然我们亚洲人对这种酒并不熟悉，然而在北欧，蜂蜜酒至今仍然十分常见。蜂蜜经过水的稀释后，如果温度适宜便极易发酵，因此蜂蜜酒是最容易被人们发现并制作的。

葡萄酒的历史可以追溯到 7400 年前，人们在伊朗西部的扎格罗斯山脉发现了当时的罐子碎片，其中留有葡萄酒的残渣。此后，葡萄酒传播到美索不达米亚平原以及埃及地区，到公元前 4000 年左右，葡萄酒的生产酿造已经不仅限于自给自足，也开始用于交易。

而啤酒则起源于公元前 3000 年的美索不达米亚平原，这已有定论。但实际上，早在公元前 6000 年，两河流域就在利用灌溉农业技术来栽培大麦和小麦——这也是啤酒的原料。因此据推测，这一时期人们已经开始酿制啤酒，然而此观点并没有确凿的证据。

在课堂上，我们得知，古巴比伦的《汉谟拉比法典》是世界上现存最古老的法典（约公元前 1750 年制定），很多人都记得其中的名句"以眼还眼，以牙还牙"。而对于爱酒之人来说，这部法典的有名之处，在于其中与啤酒相关的规定。法典中明文规定，美索不达米亚地区在街边经营酒馆的"卖酒妇"，不得接受当时充当货币职能的白银作为酒钱，必须收取谷物；还规定酒馆人员不能谎报酒的销售量，在神殿（当时的政府机关）奉职的神女（女公务员）不得兼职经营酒馆等。可以说这些规定颇具现代气息。此外，法典还严格规定，赊购啤酒时，也只能用谷物还款。据说美索不达米亚地区收获的麦子有 40% 都被酿成了啤酒，可见当地人的确对饮酒钟爱有加。如果当时已经存在通过物物交换来向酒馆赊购啤酒的现象，那么也应该存在谷物和白银的借贷行为。这说明，这里已经出现了金融交易的萌芽。

据考证，这本世上现存最古老的《汉谟拉比法典》，也是以历史更为悠久的《苏美尔法典》（约公元前2100年制定）为原型制定的。与古埃及文明、古印度文明、古代中国文明三个古文明相比，美索不达米亚文明常常出现事物发端的例证。这是因为美索不达米亚文明首创了世界上最古老的文字——楔形文字，并将这种独特的文字刻在泥板上。大量内容清晰可辨的楔形文字泥板保留至今。制作普通泥板只需使黏土干燥即可，然而如果是书写重要文件的泥板，为了能够长久保存，则会像制作陶器那样加以烧制。由于文字记载的历史非常悠久，几乎在所有的领域，美索不达米亚的相关记载，都是世界上最早的记录。

这些文字记录包括法律、辞典、故事、参考书、习题集等，涉及数学、测量学、天文学、医学等学术领域。内容涵盖商贸方面的会计、投资合同、不动产买卖合同、借款合同、船舶租赁合同、担保、利息设定等，甚至还包括酿酒方法和菜谱，内容丰富，不胜枚举。目前，该地区出土的泥板数量已超过50万块，并不断有新的泥板被发现。另外，泥板上记载的内容约有80%与当时的经济活动有关，如小麦、不动产的买卖及库存情况等，其数量远超个人日记或政治相关的记录。由此可见，人类开始认识到记录的必要性和发明文字的最初动机，就是在于进行库存管理、交易及账目核算等经济活动。

第二回

《汉谟拉比法典》对利率上限的管制

美索不达米亚文明诞生初期，苏美尔人曾繁盛一时。公元前3500年左右，苏美尔人开始使用人类最早的文字——楔形文字，并且率先在底格里斯河及幼发拉底河沿岸发展灌溉农业，形成村落。由于农产品产量不断增加，自给自足后仍有盈余，农民开始将粮食提供给神职人员、士兵、工匠、商人等不直接从事粮食生产的社会成员。这些人员聚居形成城市，之后各个城市开始独立的统治，并演变为城邦。

在此背景下，收获的谷物粮食需要先汇总、贮存，再进行重新分配。于是，负责分配工作的首领便成为城邦统治者，并修建了神殿作为行政机关。而神殿并非仅是祭神或政治活动的场所，它同时也是仓库，用于集中贮存收获的谷物以及以捐赠和纳税的形式上缴的各种物品。

这种对于农产品进行再分配的方式，正是税收制度的雏形，同时也是政治的开端。为了管理这些收集并贮存的物资，必须进行记录。谁上交了多少小麦，现在仓库里还有多少剩余——这些数据对于统治者来说，都是非常重要的信息。

记录物品数量的一个可行的办法，是使用硬木棒在墙壁上画线。我们在中小学选班委的时候，也会在黑板上画"正"字来计算得票结果。然而苏美尔人需要处理的信息量要庞大、复杂得多。于是，苏美尔人便用泥丸作为单位标记，一个泥丸对应一定数量的小麦。如图 1-1 所示，泥丸就是用泥土制成的"弹球"。将标记（泥丸）在不同的货架间移动，可以对物品的入库出库情况进行管理；对货架上的标记（泥丸）数量进行统计，就能够迅速计算出库存情况。此外，当标记（泥丸）积累到一定数量时，苏美尔人会将其存放进一个泥制球状容器（封匣）中，以便进行更大数目的计

图 1-1　作为统计标记的泥丸（下）和泥制容器（上）

算与统计。

不难设想,仓库储存的物品种类会不断增加。谷物不仅限于小麦。金属、木材、纺织品、工艺品等需要分门别类,并且需记录入库日期和物主等信息。特别是安装在砖房上的木门,在当时是非常贵重的物品。最初,仓库会在封匣上做记号,随后记号被楔形文字代替,之后封匣和泥丸标记也不再使用,而是直接在泥板上镌刻记录。泥板之效用无异于纸张,除了画面是静止的,它和现代的平板电脑极其相似,颇为有趣(见图1-2)。

图1-2 美索不达米亚文明时期的"平板电脑"——苏美尔人的泥板

从此,各种记录通过泥板这一媒介保存了下来,甚至连每年作物收获时节对仓库进行清仓盘点后编写的年度决算报告,也流传到了后世。

然而，泥板的用途并非仅限于库存管理。早在公元前2800年，就已经有了不动产交易的泥板记录。《汉谟拉比法典》第七条也规定，在无泥板契约的情况下转让所有权，受让方将被视为偷盗者。这些商业交易的记录都说明，除物物交换的方式以外，应该还存在类似于货币的交易媒介。的确，当时，在美索不达米亚平原，除了谷物以外，白银也是一种称量货币，其价额根据重量决定。

《汉谟拉比法典》对贷款利率有如下规定。由于当时货币尚未出现，因此下列规定中的计算单位皆为重量单位：

"①商人若以谷物放贷，每1库鲁⊖谷物可收取60卡谷物为利息；

②若以白银放贷，每1舍客勒⊖白银可收取1/6舍客勒又6塞白银为利息。"

①中规定了谷物贷款的利息。1库鲁=180卡，即利率为33.3%；②中规定了白银贷款的利息，1舍客勒=180塞，则1/6舍客勒为30塞，再加上6塞合计36塞，即利率为20%。

此外，更有后续条文如下：

"如果商人违反规定，收取的利息超过了1库鲁谷物允许获得的60卡谷物，或者1舍客勒白银

⊖ 每库鲁约合121公升。——译者注
⊖ 每舍客勒约合11.25克。——译者注

允许获得的 1/6 舍客勒又 6 塞白银,则商人应丧失其所贷付之物。"

这就是《汉谟拉比法典》对利率上限的管制。由此可以猜想,当时的美索不达米亚也存在高利贷,并且成了社会问题,从而催生了这样的法律规定。

第三回

公元前的商人银行

在美索不达米亚的西帕尔,曾经出土过一块公元前1823年的泥板,上面记录了一份借款合同(借据),内容如下:

"伊利·卡德里(Ili-kadri)之子普兹拉姆(Puzurum)从太阳神沙玛什处领受38又1/16舍客勒。彼将按照沙玛什神规定的利率支付利息。彼将于作物收获之时偿还白银本金和利息。"

合同中约定的贷款利息是20%,应该是依据《汉谟拉比法典》中白银贷款的利率规定。还款时间为"作物收获之时"。由于小麦 1 年收割 1 次，所以借款合同的期限为 1 年以内。可以推断，借款大概是为了小麦的耕种。

小麦的借贷利率为 33.3%，而白银的借贷利率为 20%。对于出现上述差异的原因，不少观点认为，这是因为谷物借贷如果收成不好时贷款便无法回收，有成为"呆账"的风险。然而，如果借款人借入白银是用于小麦的购买与耕作，那么也存在同样的风险。真正的原因或许在于，小麦在播种时数量稀少，而到收割时则充盈于街巷，从而导致小麦对白银的价格下降。恐怕每年的收获时节，小麦价格都会下跌。此外，法律规定，如果无法还清贷款，债务人将沦为奴隶，但为奴时间最长不得超过 3 年。

另外，这种借款合同在上报公证人的前提下允许转让。因此可以说，付息证券这种交易形式在当时已经出现了——虽然这是一个比较特殊的例子。早在 4000 年前，在纸质合同尚未出现的时代，人们使用泥板合同进行交易。

所罗门兄弟公司的债券市场分析家悉尼·霍默（Sidney Homer）[1] 曾写过一本金融史领域的经典著作《利率史》（*A History of Interest Rates*）。书中说明了以谷物、家畜等进行借贷时的利率水平，进行了若干饶有趣味的举例对比。

1960 年前后，在印度，借入谷物种子需双倍返还，即利率水平为 100%。而当时印度的流通货币"卢比"的借贷利率为24%～36%。20世纪初，中南半岛㊀谷物借贷的利率水平为50%。在菲律宾，稻米借贷的利率为100%，借入一头猪则需返还两头。虽然各个地区稻米和小麦的单位面积产量存在差异，但是通过以上对比可以看出，美索不达米亚的利率水平相对平稳。这可能是由于当地更为殷实富足的缘故。

日本也曾经出现过春季出借稻谷的借贷合同，名为"出举"，秋季需还本付息。官府进行出贷的"出举"被称为"公出举"，利率为50%。

同时，贵族以及神社、寺院以盈利为目的进行出贷的出举被称为"私出举"，其利率为100%，与上述菲律宾的稻米借贷利率相同。另外，镰仓、室町幕府时期㊁则规定，利息如何累计都不能超过本金。这种对于利率上限的认识与现代日本社会基本一致。的确，如果利息高达本金的数倍，借款人一定会难以接受。不过，在储蓄或投资的时候，这种高额利息又是人们所希冀的。

公元前625年，美索不达米亚文明进入了新巴比伦时期。这一时期出现了一种银行性质的商业机构，颇似现代的综合性商贸公司。据说19世纪至20世纪初期支撑大英帝国

㊀ 亚洲东南部的半岛，因位于中国以南，印度以东而得名。——译者注
㊁ 镰仓幕府（1185—1333年），相当于我国的南宋到元朝。室町幕府（1336—1573年），相当于我国的元朝后期至明朝。——译者注

走向繁荣的金融机构——商人银行（Merchant Bank）便起源于此。其经营者都是堪比后世罗斯柴尔德家族（Rothschild Family）的大地主，包括艾智比家族（The Egibi and Sons）、犹太族的姆拉修家族（Le Murashu）等。或许由于这段历史被公之于世刚好是在19世纪末，因此人们便将其与当时正处于全盛期的罗斯柴尔德家族进行了类比，《纽约时报》还进行了大规模的报道。

这些大地主从事的业务极其广泛，包括为国王提供资金贷款、支票、汇票、不动产贷款的收购等，甚至涉及现在被称为风险投资的活动。现存记录显示，当时签署租借合同需有第三方作担保，本利的支付对象也非合同当事人，而是身处异地的第三方。这些都表明，当时的金融交易已经非常成熟。当然，我们并不能以现代的眼光去全盘考量古代的情况。另外，当时对外贸易权属于国王，商人的自由度较低，而且史料中完全没有关于市场的记录。这说明，像现代这样能够广泛进行物资交易的市场，在当时的城市中尚未出现。[2]

第四回

牛、谷物与利息

因提出"看不见的手"这一隐喻而闻名世界的经济学家亚当·斯密指出:"在社会尚未开化的时代,牛是商业活动中通用的媒介。"在亚当·斯密生活的18世纪,美索不达米亚文明早已湮没于历史长河之中。由于这段历史"太过久远",当时的人们对其一无所知。虽然《圣经·旧约》中有相关记载,然而苏美尔人、他们发明的最早的文字、法律及合同的存在,以及繁荣的商业交易,这一切在当时都无人知晓。而亚当·斯密所说的"社会尚未开化的时代"指的是古希腊文明时期。

布拉德·皮特主演的好莱坞电影《特洛伊》(*Troy*) 演绎了著名的"特洛伊木马"的神话故事。其情节取材于古希腊吟游诗人荷马在公元前 8 世纪末创作的《伊利亚特》及《奥德赛》。在这些作品中，荷马将牛作为衡量物品的价值标准。

"擅长各种手工技能的女奴隶估价为 4 头牛。"

"产于波斯的大三脚瓶价值为 12 头牛。"

牛不便携带，个体差异也较大，因此无法作为货币使用，但用来估算财产则直观清楚。成对饲养还可以繁衍小牛，扩大牛群数量。从这一点来看，作为资产评估标准的牛，与能够产生利息收入的现代金融资产，确有相似之处。苏美尔人将"利息"称为"mas"，埃及人则称之为"ms"。据说这两个词都来源于动词"msj"，意为"生育"，并同时派生出"利息"和"牛犊"两种含义。日语汉字词汇"利息"的语源出自中国古籍《史记》中的"息犹利也"⊖，意为"子嗣可以带来利益"。

此外，马克思在《资本论》第四章中，以批判的态度指出：

"货币是为商品交换而产生的，但利息却使货币生出更多的货币。它的名称（τόκος，利息和利

⊖ "息犹利也"并非出自《史记》原文，而是出自《史记·孟尝君列传》中对"贷钱者多不能与其息"一句的注释"与犹还也。息犹利也"。——译者注

子）就是由此而来的。利子和母财是相像的。但利息是货币生出的货币，因此在所有的盈利部门中，这个部门是最违反自然的。"

通过付出汗水、辛勤劳作获得的劳动收入，和无所事事、以钱生钱获得的利息收入，自古以来，人们就喜欢将二者进行对比，一判高下。

的确，利息收入没有体现劳动的尊严，也没有辛苦流汗的过程。然而，假如我们用来评估资产价值的物品不是没有"繁殖"能力的黄金，而是耕牛，那么其数量是自然增殖的。如果借来的牛生了小牛，在归还时理应将牛犊一起交还给债主。

如果借入的是小麦，在收获季节返还时，也应当在借入数量的基础上附加相应的利息。美索不达米亚平原由于灌溉农业发达，土壤肥沃更甚于今日，播种 1 粒小麦可获得 20 倍甚至几十倍的收成（当代欧洲也仅有 15 倍）。由此，我们能够了解到美索不达米亚的富庶，同时也不难理解，归还所借小麦时需要附带利息是理所当然的。因为从借出方的立场来看，他们损失的收获机会不可小觑。

《圣经·旧约》的《出埃及记》中记载，翘首企盼摩西归来的犹太人民铸造了一头金牛犊，顶礼膜拜，并设宴庆祝。知晓此事的摩西厌恶这种偶像崇拜，对此行为进行了严厉责备。而到了现代，"金牛犊"不仅意味着"偶像崇拜"，还具有"物质崇拜"和"拜金主义"的隐喻含义。牛作为家畜可以耕地,是可以繁衍生息的生物,而用黄金铸造的"金牛犊"只能用来膜拜,不会生出任何东西。

近来,与"不劳而获"的利息、分红等金融收益相关的伦理观不时引发争论。如果利息的来源是家畜(比如牛)的繁殖以及谷物的收获,那么利息收入也应该视为投资者的正当权利。而且,牛生牛犊,牛犊长大后再生牛犊,如此,收益形态呈现为树形分支状。因此也不难理解,利息的计算应采用复利方式,而非单利。

第二章

货币的幻想

第五回

狄奥尼西奥斯的还债方法

在货币出现之前,只要物品本身具有一定的价值标准(如白银、家畜、谷物等),在借贷时都会产生"利息"。美索不达米亚文明时期,尚未出现货币,除谷物等物品之外,白银作为"称量货币"充当货币的职能,用于物资交换以及支付罚款等,其价值根据重量而定。

西方学界普遍认为,硬币作为通货使用,始于公元前7世纪古希腊时期的小亚细亚半岛西部的吕底亚。[3] 该地区使用一种名为"银金矿"的天然金银合金制造的硬币,被称为银金矿史塔特币。吕底亚人将制币材料分割成一定质量的小块，放置在刻有动物或人脸图案的台座上，用铁锤用力敲击。于是硬币上便留下了动物或人脸的图案。

后来，制币的材料逐渐从贵重的金银合金转变为金银与铜等各种材料的合金，而将制币材料置于台座上，用铁锤敲击刻印图案的方法则一直沿用至今。

这种制币方法的优点在于，只要最初将金银等原料分割成质量相同的小块（然而这一工序绝非易事），就能够保证每枚成品硬币中金或银的质量均等。和金属铸锭相同，金银的质量大致决定了货币的基本价值。

然而如果硬币只具有与其原材料相同的价值，那么没有人会有兴致去费时费力制造硬币。一般来说，硬币的制造者通常是统治者，独揽制定法律、发行货币的特权，通过赋予硬币一定的权威性，实现获取收益的目的。硬币的材料和成品之间产生的价值差额属于统治者，被称为"铸币利差"（seigniorage）。想一想纸币就能很容易理解这种价值差。只要发行货币，统治者就能获利。另外，只需掌握好分寸，制造货币就是统治者最便捷的收益来源。

货币上威严的统治者形象是权威的象征，也是对货币材料最有力的质量保证。此后士兵和公务员的工资均以硬币支付，缴税也必须使用硬币。同时，严格查禁伪造硬币的行为。在希腊语中，表示"硬币"的"nomisma"和意为"法律"的"nomos"为同源词。只要统治者权威不减,银币就能保持超过生银的价值,而使用者也无须像收取金属块时那样鉴定成色、称量轻重,十分便利。但是,有时候统治者也会因思虑不周而轻率行事,或者在明知后果的情况下,滥用权力获得不当的铸币利差。

公元前4世纪初,位于西西里岛的古希腊城邦锡拉库萨的僭主㊀狄奥尼西奥斯一世(Dionysius Ⅰ)向市民借了巨额债款,被债主追讨却无力偿还。无奈之下国王以死刑相威胁,强迫民众上缴德拉克马银币。最终,锡拉库萨城中所有的硬币都集中到了制币厂,1德拉克马银币上被重新印刻上"2德拉克马"的标记。于是,市面流通的货币总额凭空增加了1倍。虽然国王返还给市民的金额和上缴时一样,但民众实际拿到手的银币数量减少了,白银的质量仅有一半。之后,狄奥尼西奥斯国王用剩余的银币还清了欠款,解决了债务危机。而实际上,偿还的借款的实际价值仅为原来的一半。

这种方法其实和利用通货膨胀偿还债款的方法并无二致,狄奥尼西奥斯只是在短时间内完成了这一过程。人们可能没有意识到,古往今来,国家偿还借款,以及国家在面临破产的情况下,这种方法都是常见的手段。

㊀ 僭主是古希腊独有的统治者称号,是指通过政变或其他暴力手段夺取政权的独裁者。——译者注

当然，上述还债方法的前提是，作为货币原料的金银是有价值的。那么，本身没有实际价值的原料，是否就不能作为货币使用了呢？现代社会中，一张普通的白纸经过印刷即可作为纸币流通，网络支付甚至连纸张都不需要，仅仅依靠少量的电子信号就可以完成。这种无形、无质量的信息数据，如今也化身为货币，获得了人们的信任，被广泛使用。

第六回

纸币是中国的发明

有文献记载,中国在大约公元前13世纪开始,就将子安贝视为珍宝用于送礼。[4]其实在此之前,子安贝早已在商朝的中国、印度甚至非洲等地作为货币使用,是最原始的货币之一。柳田国男在其著作《海上之路》中指出,冲绳地区盛产子安贝,吸引了中国南海地区的居民前来采集,在此过程中,中国南海地区的居民将水稻传入了日本列岛。此外,马尔代夫出产的子安贝不仅在印度洋周边地区广泛使用,而且早就传入了非洲内陆地区。更令人意外的是,子安贝在距今并不久远的年代,才结束其作为货币的历史。

中国出现硬币的时间略早于吕底亚的史塔特币。公元前8世纪，中国人就铸造了青铜币。青铜币的制作方法不是用铁锤敲击印刻，而是将熔化为液态的青铜注入黏土模具中铸造而成。因此，中国的制币场所应为"铸币厂"，而西方采用敲击印刻方法制币的地方才是"造币厂"。

中国最初铸造的钱币并不是圆形的，而是形似农具的铲状或刀状的，还有在金属货币问世之前使用的子安贝的形状。由于注入模具即可成形，因此可以随意设计货币的形状。

由于黏土模具为手工制作，所以浇铸而成的每枚硬币形状虽相同，质量却有细微的差异。可以说，中国的青铜币与吕底亚的史塔特币性质不同，并不体现金银等原材料的本身价值。吕底亚的史塔特币即使熔化铸成铸锭后，依然具有材料的价值。而中国的硬币为青铜制，一旦熔化，其价值便微不足道了。因此，当时的统治者必须强制赋予货币以权威性的价值，使民众对货币的价值形成共识（共同的幻想）。

东西方出现了浇铸和敲击印刻这两种不同的硬币制造方法。其原因虽然与货币材料有一定关系，但两者的不同实质上反映了统治者权力的差异——一方是统治者对于广阔地域拥有强大的中央集权，另一方是分散在各地、相对弱小且不稳定的权力。民众对于货币的认知差异，正体现了统治者在权威上的差距。

千年之后的 13 世纪，从意大利前往元朝拜访忽必烈大汗的马可·波罗，在云南地区发现，当地仍将子安贝作为货币使用，颇感惊讶。然而更令其震惊的是，在首都大都（今北京），桑树皮制成的纸币竟然是市面流通的货币。在马可·波罗之后到达中国的摩洛哥旅行家伊本·白图泰也惊叹道："就算在市场上拿出第纳尔金币和迪拉姆银币，也无人接受，必须先兑换成纸币。"纸币竟然比金币、银币更有价值，这是来自地中海地区的人们难以理解的现象。中国的纸币是具有划时代意义的发明，区区纸片竟然能够购买各种商品，而且绝不会被拒收。

中国在元朝之前的宋朝，已经具有了开放的"自由市场"，因而商业发达，由此推动了汇款、信用交易、汇票等事物的发展。这些票据作为货币的替代品流通，促进了纸币的普及。平安时代末期㊀，日本武将平清盛㊁曾将宋朝的货币引入日本，成为日本金融史上的一大事件。这与中国普及纸币后放宽了严格的货币（硬币）出口限制密切相关。

虽然当时中国已经形成了较为发达的信用体系，甚至可以实现纸币的流通，后来连官吏工资也开始使用纸币支付，然而，随着政权势力不断衰落，白银逐渐取代了纸币。清朝

㊀ 平安时代（794—1192 年），相当于我国唐朝至南宋时代。——译者注

㊁ 平清盛（1118—1181 年），平安时代后期日本的一位实际统治者。——译者注

末年，在太平洋地区广泛使用的墨西哥银币成为基准货币，在中国流通开来。

著名的环球旅行家伊本·白图泰带入中国的第纳尔金币，可以说是迪纳厄斯银币的"后代"。迪纳厄斯银币是罗马人在公元前269年模仿古希腊的德拉克马银币打制而成的。第纳尔金币当时在伊斯兰国家广泛流通，至今仍有一些国家沿用此名称作为货币单位。

第七回

日本货币的历史

利用谐音编出顺口溜来记忆知识点是应试学习常用的办法。比如"$\sqrt{2}$ =1.414 213 56"和镰仓幕府的建立年份"1192年"都有相应的顺口溜。不过,作为自然科学,2的平方根的值不会发生改变,然而历史却时常存在争议。比如,现在老师会告诉同学们,镰仓幕府的建立时间并非源赖朝被任命为征夷大将军的1192年,而是他获得守护、地头㊀任命权的1185年。

同样,笔者曾经学习过,日本最早的钱币是708年的

㊀ "征夷大将军""守护""地头"都是日本古时的官职名。——译者注

"和同开珎"。然而1998年，考古学家从7世纪后半期的地层中发现了更为古老的"富本钱"，这刷新了历史纪录。

在制造富本钱的时代，日本的商品经济还不发达，难以实现货币的自然普及。富本钱是用来支付藤原京修建工程的劳务费用，而和同开珎同样是用于支付平城京修建工程的劳务费，两者都并非为满足社会对货币的需求而诞生的。日本想效仿中国，却未能成功。

在这种情况下，政府推出了货币振兴政策——"蓄钱叙位令"，对储蓄钱币的国民授予爵位作为奖励。这却仅仅导致了货币的贮藏而非使用，对于促进货币流通起到了完全相反的作用。此后，直到958年的"乾元大宝"为止，政府先后发行了12种青铜币，名为"皇朝十二钱"。在推出新货币的过程中，政府不断减少铜的含量，增加铅的比重，品质愈发恶劣，尺寸也不断缩小。这使得货币逐渐失去了信用，最终被冷落。在皇朝十二钱以后，日本不再使用货币。直到平清盛引入宋朝钱币之前的150年，货币在日本社会中销声匿迹。[5]其实就算是之前发行的皇朝十二钱，也并未作为货币广泛普及，日本社会仍以米、布等实物货币作为主要的交易媒介。

富本钱与和同开珎都是效仿中国唐朝在621年之后的300年间发行的"开元通宝"而制造的。因此，其制作方法与西方敲击印刻金块银块不同，而是如图2-1所示，将青铜注入铸模铸造而成。铜液注入模具形成树枝般的形状,因此被称为"枝钱"。

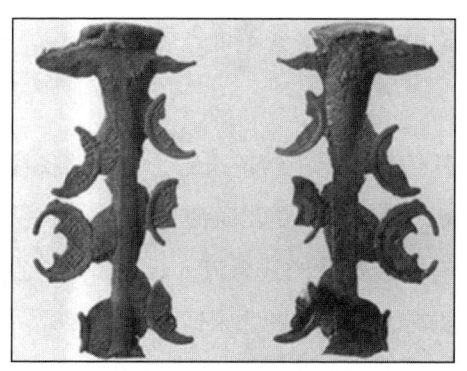

图 2-1 将青铜注入模具铸成的"枝钱"、和同开珎(大阪文化财研究所)

上文提到,铸造的优势在于,只要制作出铸模,就可以制造任意形状的铸件。实际上,古代中国的钱币就有刀形的刀币、农具状的铲形币。另一显著特征就是硬币中央开孔,就像现在日本的 5 日元和 50 日元硬币。

这个孔穴不仅便于在制造过程中贯穿木棒使数枚钱币同时成形,还可以将铸好的硬币用线绳穿连在一起,以百枚为单位进行整理。描写日本战国时代⊖的历史小说中经常会出现"一贯钱"的说法,是指 1000 枚钱币。"贯"原本并非表示重量,而是意为将钱币"贯穿"起来,由此演化为重量单位。

⊖ 日本战国时代(1467—1615 年),相当于我国的明朝。——译者注

在经历150年的货币空白期之后，平清盛推动了日本和宋朝之间的贸易往来，促使大量宋朝钱币传入日本。虽然书本中的历史是这样描述的，但是笔者感到颇为疑惑：整个国家所需要的货币，仅凭一些不可靠的船只运输，如何能够保证供应？

然而，从钱币的出土情况来看，仅"储备钱币"⊖就有350万枚以上，而这也只是当时使用货币的一小部分。由此可见，当时有相当数量的钱币流入日本，这一点应当不假。而且，至今仍有大量当时的北宋钱币不断出现，使之完全不具有作为古董收藏的价值。⁶宋朝钱币的流入使日本得以不必铸造本国的货币，在958年皇朝十二钱的最后一个币种"乾元大宝"发行后，日本便停止了货币的制造，再次开始制币已是日本的战国末期，跨过了平清盛的时代。

⊖ 日本古时为防偷盗，会将钱币放入坛中埋入地下，称为"储备钱币"。——译者注

第八回

大石币的故事

从有乐町一侧进入日比谷公园,沿池边稍走片刻,便可以看到一块直径约 1 米的石头,如图 2-2 所示。这块石头并不起眼,其形状仿佛美国动画片《摩登原始人》(*The Flintstones*)中原始人家族使用的钱币。石头旁边的说明牌上有如下介绍:这块石头叫作"费"(Fei),是大正 13 年(1925 年)前后,在南太平洋岛屿雅浦岛(属密克罗尼西亚联邦)上流通的货币,当时其价值约为 1000 日元。我们通常会认为,大石币是石器时代的产物,然而,在物物交换的时代,货币根本派不上用场。实际上,石币在雅浦岛的使用历史也刚刚结束不久。

图 2-2 日比谷公园中直径约 1 米的石头货币"费"（Fei）

雅浦岛自古以来就将石币作为货币使用，大小从直径 30 厘米至 3 米不等。然而石币的原材料并非出产于雅浦岛，而是从约 500 公里以外的帕劳岛采集运输而来。雅浦岛居民需要航行至帕劳岛，从石灰石上铲挖出石币，再带回雅浦岛。

雅浦岛石币的独特之处在于，在用其购物或者作为礼物赠予他人时，无须将石币真正交付对方。石币摆放在村里的广场或者路边，只要买卖双方承认其主人发生了变更，石币的所有权便会转移。

岛上曾有一位最富有的老人，其实谁也未曾目睹过他的石币。这位老人的祖先曾在帕劳岛挖到一块巨大的石币，但石币在运回雅浦岛途中遭遇风暴而石沉大海。当时有目击证人亲眼看见了石币的巨大体积和优良质地，因此当地居民认为，即使石币沉入海底，依然具有交换价值，于是这位老人也被视为全岛最富有的资产家。

1871年，一位名叫大卫·奥基夫的美国人偶然漂流至雅浦岛。在充分观察当地的货币情况之后，奥基夫得出一个结论：利用当时的科学技术可以随心所欲地制造石币。于是奥基夫设法脱身来到中国香港，购置了凿石机器运往帕劳岛挖凿石币，制成了大量雅浦货币，然后用机械帆船将石币运往雅浦岛。奥基夫用这些石币购入椰子干（将椰肉风干而成）从而大赚了一笔。然而，据传奥基夫的石币并没有多少价值。这是因为他的石币是使用机械制造并运输的，并未付出辛勤劳动，石币背后没有故事（价值）。

1899年，德国从西班牙手中购入雅浦岛，随后德国人登岛。几年后的1903年，美国人类学家威廉·亨利·弗内斯三世旅居该岛，留下了上述记录。[7]

在弗内斯留下的记录中，还有这样一段趣闻。德国人打算在岛内修路，发展交通，然而不管如何下达指令、分配任务，岛上居民都不配合动工。对于在岛上土生土长的原住民来说，根本不需要修建道路。于是德国人想出一条计策，决定没收岛上的所有石币。所谓"没收"，只是用黑色油漆在石币上画上"×"记号，而不是将石币集中转移并隐藏。然后德国人告知居民，如果想取回石币就必须参加修路。因害怕破产，岛民们开始全力投入施工。这个故事对于生活在高度发达的货币经济社会中的人们来说，就如同天方夜谭。工程完工后，德国人如约擦去了石币上的油漆印记，岛民们则庆祝自己重获资产。

经济学家米尔顿·弗里德曼在1992年的著作《货币的祸害》中指出，我们虽然生活在经济发达、文明程度较高的社会，而实际所为与雅浦岛居民并无二致。[8]

1929年美国爆发经济危机，在之后的1931年到1933年，法兰西银行担心美国会放弃金本位制。倘真如此，美元相对于黄金的价值将大幅下跌。于是法国要求将存储于纽约联邦储备银行（简称纽约联储）的所有美元兑换成黄金。然而这笔黄金并未转移至法国，而是继续储存在纽约联储的法国政府的账户上。因此对于纽约联储来说，只需将部分黄金移动到另一货架上，并将黄金上所贴的标签从"纽约联储"更换为"法兰西银行"即可。这和德国官员在石币上画"×"记号并无实质差异。

然而，仅仅是更换标签这一小小举动，当时也造成了"美国黄金外流"的恐慌，并引发了1933年的金融危机。

第三章

亚里士多德的金融观

第九回

世界最早的期权交易

现代社会金融商品交易繁荣，这段历史其实却并不长。国债正式作为商品出售是在18世纪之后，而股份公司在19世纪之前都是股东无限责任制，因此发行股票的公司并不多。即使在当时金融最为发达的英国，金融商品正式开始交易也是不久以前的事情。

而在日本，从江户时代㊀开始，大阪堂岛就存在稻米的期货市场，这一事实广为人知。而期权交易（针对某标的物确定在一定时间内以一定利率和价格进行交易）的起源，则

㊀ 江户时代（1603—1867年），相当于我国的明清时代。——译者注

要追溯到更早的古希腊时期。实际上，由商品派生而来的金融衍生品（Derivatives：依据商品、股票和资本等现货的价格决定交易价格），作为金融商品可能更加原始，历史更为久远。

期权交易的入门书籍在介绍"世界最早的期权交易"时，经常会举出古希腊时期橄榄油压榨机的案例。这里出现的榨油机是压榨橄榄果实以获得橄榄油的机器。

在土地贫瘠、不宜农耕的古希腊城邦，橄榄油和葡萄酒是极其重要的交易品。吟游诗人荷马曾提到"产于波斯的大三脚瓶价值为12头牛"，不过想来用以与波斯商人交换三脚瓶的，不是牛，而是橄榄油和葡萄酒。

古希腊人泰勒斯，曾被亚里士多德（前384—前322年）誉为世界上的首位哲学家。泰勒斯曾预测某年橄榄将会丰收，于是支付定金预先获得了村里所有橄榄油压榨机的使用权。结果泰勒斯的预言成真，到了收获时节橄榄果然大丰收。村民们需要将收获的橄榄榨油，榨油机供不应求。而垄断榨油机使用权的泰勒斯也幸运地发了大财。

泰勒斯的事例具备了作为期权交易所需的相关要素。首先，此交易是在泰勒斯与持有榨油机的农民之间进行的协商交易，泰勒斯"购进"了看涨期权（榨油机的使用权）。此外，还应有一些前提条件：①泰勒斯需支付的榨油机使用费（期权执行价格）在交付定金时已经定价；②合同期限截止到收获时期（清算日）；③交易前提为，当时榨油机并未普及到各家各户，一般来说，农民在榨油时需租借榨油机；④如果橄榄丰收，榨油机的租借费用会随着橄榄产量的增加而上涨；等等。

这个案例告诉我们，只要是支付了定金的交易，都具备一定的期权性质。定金可视为期权费。泰勒斯的事例讲述了一个利用定金赚大钱的故事，从金融行业的角度来看，这是诱使投资者进行期权交易的有利例证。1998年日本NHK⊖电视台播出的特别节目——纪录片《金钱革命》也援引了泰勒斯的案例，试图用浅显易懂的方式向观众说明什么是期权交易。

这段逸闻出自亚里士多德的名著《政治学》。这部分内容在日本被译为《致富术的实践》，泰勒斯是理财致富的成功典范。

⊖ NHK为"日本放送协会"的简称，是日本第一家根据《放送法》而成立的大众传播机构。——译者注

第十回

亚里士多德的"致富术"

亚里士多德在《政治学》中将致富术分为"家务管理"和"商业活动"两大类,并批判了后者,认为不应谋求基本生活需求之外的财富。同时,对于不劳而获、依靠货币生息而获取的利息收入,以及在原本"公正价格"的基础上增加利润而进行的商业交易,均持否定态度,认为这些行为"违背自然规律"(公正价格论)。

亚里士多德的这些观点,不仅影响了中世纪欧洲的经院哲学,并且促使了基督教会进一步严格禁止收取利息(禁止利息论)。不过,当时的金钱借贷都发生在小规模社会团体中的个人之间,而且是经济上自给自足的小社交圈,所以不难想象，收取利息以及谋求利润的行为自然会招致人们的厌恶。

亚里士多德在《政治学》中真正想表达的是这样的主张：哲学家泰勒斯被众人揶揄道，"他一贫如洗，所以哲学（学问）是无用的"。而泰勒斯凭借自己日常所学的天文知识，预测了第二年橄榄的丰收，并在冬季支付少量定金，提前"租占"了当地（米利都和希俄斯）所有的橄榄油压榨机。第二年预测成真，橄榄丰收，泰勒斯也大赚了一笔。亚里士多德想说的，并不是"泰勒斯成为富翁真好"，而是想说，"如果泰勒斯愿意，他也可以成为富豪——然而哲学家的兴趣并不在此"。亚里士多德一定没有料到，2000年后，这段逸闻竟然会被期权交易商巧妙利用。

上述"致富术"的重点，并不在于利用定金、依靠期权交易获利，而在于"租占"这一行为。当然，有了定金，才能依靠少量资金实现"垄断"，然而泰勒斯得以随心所欲地控制橄榄油压榨机的使用费，根本原因要归功于"租占"这种手段。说得时髦一些，这正是高收益投资的"秘诀"。

亚里士多德主张的致富秘诀为：如果能够努力实现"独家专营"，即"造成供给垄断的状态"，那么每个人都能够获得大笔财富。

或许我们会感到难以理解，亚里士多德虽然对以钱生钱获取的利息收入和商人获得的利润持批判态度，却对垄断行为及支付定金的交易予以肯定。在我们生存的现代社会，利息收入是银行收益的来源，利润是公司效益的根本，这都是合法的，而垄断行为却会遭到公平交易委员会的指责和管控。亚里士多德甚至认为，为了扩大国家的收入，有必要进行垄断专营。

英国《金融时报》的记者兼作家吉莲·邰蒂在《疯狂的金钱》(*Fool's Gold*)一书中，介绍了曾风靡一时的美国大型银行摩根大通银行的金融衍生品开发团队。书中写道：

> "最原始的期货和期权交易合同，可见于公元前1750年美索不达米亚平原的泥板中。"

这句话可以理解为，支付定金的合同大抵都可视为原始的期权交易合同。反过来说，现代社会中的各种交易合同，很多都需要支付定金，人们正是关注到了这种期权性，才会将其作为"实物期权"(Real Option)来分析，去判断定金的高低。

在橄榄油压榨机的持有者看来，与泰勒斯的交易是一种"持保看涨期权"（在持有实物资产的情况下出售看涨期权的交易），是将使用权作为看涨期权出售给泰勒斯。而没有榨油机的人也可以进行投机交易，即以第二年橄榄收成不好为赌注，将使用权作为看涨期权出售给泰勒斯，这种投机行为称为"无担保看涨期权"（在不持有实物资产的情况下出售看涨期权的交易）。

在泰勒斯"垄断"了村里所有榨油机之后,出售无担保看涨期权的人面临3种选择:"购买榨油机""租借榨油机"或者"按泰勒斯给出的价格买回期权"。一般来说,出售看涨期权是"义务",而买入看涨期权是"权利"。买方一旦限定风险,卖方就需承受无限大的损失。因此这种投资无论为何种形态,都不适合个体投资者。

第十一回

古希腊的货币兑换商

　　希腊神话中，狄俄尼索斯为报答米达斯国王帮助自己养父的恩情，答应会助他实现任何愿望。于是米达斯请求狄俄尼索斯赐予自己"点物成金"的能力。起初，米达斯对这个不费吹灰之力就能获得无尽财富的新能力感到兴奋不已，然而渐渐他发现，自己的爱女、食物、饮料都变成了坚硬的黄金，而仅仅依靠黄金是无法生存下去的。在雷曼危机中，获得高额回报的美国投资银行家们的成功和没落构成了一出名为"失控的资本主义"的大戏，而米达斯正是这出戏里最精妙的隐喻。在当时有关金融的报道和书籍中，米达斯也成为登场频率最高的希腊神话中的国王。

其实这则隐喻已经有2000多年的历史。亚里士多德在《政治学》中就已经提及米达斯，并指出，最初货币只是为方便物物交换而使用的单纯的买卖工具，然而随着致富手段的不断发展，储蓄货币本身成了目的。尽管已经拥有了足够的财富，有些人还是将赚钱作为生活目标，并为此不择手段——这类人群并不是资本主义失控时代的产物，早在古希腊时期就不乏其人。

甚至在亚里士多德之前，在货币尚未问世的美索不达米亚平原，就已经出现了丰富的发财致富手段。当时，交易多由神殿、政府等官方机构参与，而在公元前2000年的苏美尔人时期，就出现了仅由民间出资进行共同运营的项目，其出资合同书的泥板已被发现。

此外，在古希腊，最初钱币由各城邦（Polis）各自独立发行。因此城邦之间或者城邦和其他地区进行交易时，使用的货币并不统一。于是货币兑换商应运而生。富有经验的兑换商掌握着比顾客更多的信息，他们会争取更多的兑换差价，研究利率的计算方法（这两点现代金融机构也会采用），甚至会虚报金属含量，以创造尽可能多的获利机会。

在公元前5世纪的古雅典，由于提洛同盟的缔结，很多外国人移居至此，贸易投资蓬勃发展。同时，黑海、地中海地区贸易繁荣，"冒险借贷"（海上借贷）颇为盛行。这种借贷合同对于现代人来说并不熟悉，是船主以船舶和货物为担保进行借款的合同，其原型在美索不达米亚时期似已出现。

冒险借贷的规定是，如果航海成功，则船主需还本付息，如果航行失败，船舶沉没，担保物遗失，则债务一笔勾销。对于投资者来说，这种方式更接近投资而非融资；对船主来说，则相当于购置了船舶和货物运输的保险。因此冒险借贷也被认为是海上保险的起源。另外，在禁止收取利息的中世纪欧洲，一些金钱借贷合同会假冒海上保险，并以"保险费"之名来掩饰利息。据说，以前财产保险公司的新职员入职后，在第一节培训课上，都会学习到保险的起源——冒险贷款。

前文提到的《利率史》作者霍默指出，古希腊存留的利率相关记录比古罗马更为丰富。

当时的古希腊已经存在各种各样的贷款，而其中，不动产抵押贷款的记录尤其多见。在耕地面积狭小的希腊，土地是稀缺资源。一般认为，因贷款而破产并失去土地，也是农民沦为奴隶的原因。被抵押土地边界处会放置一块石头，上面详细记载了抵押土地的具体经过。据称在主张"质朴刚健"精神的斯巴达，统治者担心货币经济会导致民众生活奢靡，农民沦为奴隶会导致兵力不足，战斗力下降，因此禁止了钱币的流通。从这些历史逸闻中，我们可以获得颇多启示。总之，可以推断，当时货币经济已广泛普及，个人财产权开始确立。

第十二回

《罗马法》对于财产权的确立

即使通过投资积累了财富,如果其所有权得不到保障,也是毫无意义的。当权者自然会以暴力手段来维护自己的所有权,而个人的私有财产权如果没有相关制度来保障,人们赚钱的积极性将大打折扣。关于个人的财产权,早在《汉谟拉比法典》中就已被提及,古希腊的雅典也有相关记载。《罗马法》更进行了明确规定:"所有形式的财产都应属于一位明确的所有者,该所有者有资格缔结与该财产有关的契约关系。"这在法制上确立了极具商业色彩的财产权。

1571年,奥斯曼土耳其帝国与由西班牙、威尼斯共和国、梵蒂冈等国组成的"神圣同盟"之间爆发了勒班陀战役，奥斯曼帝国舰队指挥官阿里·帕夏将全部财产——15万枚金币都装载到了自己的军舰上。在财产权不受保护的国家，外出时无法放心地将财产留在家中。美国经济史学家威廉·伯恩斯坦在《财富的诞生》中引用了亚当·斯密《国富论》里的一段论述：

> "在人们时刻畏惧当权者暴力的不幸国度里，人们会把自己的所有资产埋在地下隐藏起来。这种习惯在土耳其和印度的诸侯国颇为常见。估计在亚洲其他国家亦如此。"

其实何止在亚洲，在亚当·斯密之前的中世纪欧洲也不例外。中世纪著名的资产家，大部分都因为贷款给国王而最终破产。

在当今社会，个人及法人的财产权似乎已经成为一种理所当然的权利。

通过辛勤劳动积累的财产有一天会突然被国家权力剥夺，在这样的社会，人们不可能有劳动积极性。然而我们必须注意到，在财政赤字异常庞大的国家，也有可能出现这种侵犯财产权的情况。历史上的相关案例有：恶性通货膨胀笼罩下的德国，以及二战后日本的"冻结存款"政策。

第四章

中世纪的宗教和金融

第十三回

中世纪基督教的金融政策

4世纪前半期,君士坦丁大帝将君士坦丁堡定为罗马帝国的首都,同时将基督教定为罗马帝国的国教。此后罗马帝国分为东西两部分,东部的拜占庭帝国(东罗马帝国)一直持续至中世纪末期[一],西部的西罗马帝国虽然灭亡时间较早,却促进了基督教的传播。

曾引发争议的西班牙电影《城市广场》(*Agora*)便是以这一时代的智慧之都亚历山大城为舞台,讲述了亚历山大图书馆的女天文学家海巴夏的故事。在基督徒排斥异教徒的运

[一] 即1453年,奥斯曼帝国攻占君士坦丁堡。——译者注

动中，探索科学真理的科学家也遭到了迫害，很多珍贵的图书资料被焚毁。当时的基督教面对性别差异也毫不手软——女性学者海巴夏被诬蔑为"巫女"惨遭杀害。

另外，基督教认为"利息并非由财富而生，而是由时间而生"。时间不属于任何人，只属于上帝，所以中世纪的基督教将收取利息视为罪行。因此，关于中世纪欧洲利率的记录几乎不存在。

325年召开的尼西亚会议决定，神职人员不得进行融资活动，500多年后的850年又将放贷者逐出教门。在基督教徒聚集一堂的大公会议上，禁止收取利息的问题是经年不变的永恒主题。但这也从侧面说明，收取利息的行为屡禁不止，在中世纪的任何一个时期里都是难以解决的问题。这或许是因为，无论在哪个时代，都会有人即使需要支付利息也要借钱。于是教会也逐渐开始在世俗欲望和传统教义之间做出妥协。

例如，在1215年召开的第四次拉特朗大公会议上，"过高利息"成为议题。对此，教会提出了以下观点："作为逾期还款的罚金而征收的利息为正当报酬，应排除在禁止收取的范围之外。"就像这样，收取利息的名目不断被调整。另外，教会还发售了号称能够免除获利罪行、升入天堂的"赎罪券"。当时一个家族中如果有一人成为神职人员，整个家族都能够衣食无忧。对这种腐败现象的抗争，最终酝酿成马丁·路德领导的宗教改革。

当人们谈到罗斯柴尔德家族等犹太财团，或者说起莎士比亚《威尼斯商人》中的犹太债主夏洛克时，必定会提到这样一个话题：为什么高利贷者、守财奴都是犹太人？再夸张一点谈到"阴谋论"，为什么犹太人能够操纵全世界？对此，就不得不提到中世纪基督教的禁收利息政策。

具体说来，虽然犹太教也禁止放贷，但《圣经·旧约·申命记》第23章中规定"借给外邦人可以取利，只是借给你弟兄不可取利"。因此在中世纪的欧洲，作为少数民族的犹太人能够向同胞以外的人群广泛征收利息，由此也确立了犹太民族在金融行业中的优势地位。

当然，换一个立场，也有观点认为，地中海沿岸伊斯兰教地区的银行家多数为基督徒。在基督教国家，虽然在街边放高利贷的可能大多是犹太人，但佛罗伦萨的名门美第奇家族以及控制德国银矿的富格尔、英霍夫、韦尔瑟等中世纪的金融巨头，基本上都是基督徒。犹太金融家真正开始崛起是在18世纪以后。原本在中世纪，需要大规模资本的"产业"只有国家，需要大量资金的大型项目也只有战争。因此当时的借款人也仅限于领主或教皇。可以说，中世纪基督教禁止收取利息的问题在实质上，并不在于巨额资金的借贷，而在于令人憎恶的民间"高利贷"问题。

第十四回

"伊斯兰治下的和平"的恩惠

　　罗马帝国称霸下的和平时期被称为"罗马治下的和平"（Pax Romana）。近代，世界曾经历了"不列颠治下的和平"（Pax Britannica）、"美国治下的和平"（Pax Americana）。之后，在日本因泡沫经济而极度繁荣的20世纪80年代，曾经出现过"日本治下的和平"这一呼声。然而，没有军事力量的国家维护世界和平，这在历史上尚无先例，因此"日本治下的和平"至今也未能实现。

　　从古希腊到古罗马时期，地中海是海上要道，该地区繁荣兴盛。从7世纪开始，伊斯兰教徒不断扩张势力并侵入地中海地区，导致欧洲与亚洲的联系被切断，形成了非商业性质、自给自足的社会经济体系。这段历史被称为中世纪欧洲的"黑暗时代"。在这一时期，发源于古希腊并在古罗马时期获得发展的欧洲文明逐渐走向没落。然而对于伊斯兰教徒来说，西方历史中的中世纪正是伊斯兰文明崛起并迅速扩张的黄金时期。

公元570年，伊斯兰教创始人穆罕默德诞生。伊斯兰教在创立后迅速传播，影响范围广泛，西至伊比利亚半岛及北非，东至印度洋以东的印度尼西亚和菲律宾。

和基督教、犹太教一样，伊斯兰教也属于以《圣经·旧约》中的记载为根基的天启宗教（又称"亚伯拉罕宗教"），也禁止征收利息。但是，和其他宗教不同的是，伊斯兰教的"利息禁令"一直延续至今。伊斯兰法系（又称"沙里阿"，即"教法"）在金融方面的法规规定，可以用收益分红代替利息，或者利用买卖合同的差额，以非利息的方式进行收取。

虽然禁止收取利息，但是或许由于创始人穆罕默德曾为商人，伊斯兰教允许赚取中间差价的交易，这与亚里士多德的主张是有区别的。另外一个可能的原因是，亚里士多德时代尚未成熟的市场制度，在这一时期已经相当普遍。伊斯兰教徒生活在欧洲和中国之间的地域，位于东西贸易往来的中央，他们很早就发现了印度洋的季风，并且熟练掌握了航海技术。他们将中东至印度的沿海岸航行的古老航线衔接起来，成功横跨了印度洋，将活动范围开拓至东南亚地区。前面提到，在非洲中部发现了马尔代夫出产的子安贝，很有可能也是他们的功劳。

随着伊斯兰教徒的商业圈不断扩大，伊斯兰教也传播到了东南亚地区。早在7世纪，就有波斯人在中国广东的港口经营商铺。

伊斯兰国家沿用了波斯萨珊王朝发行的迪拉姆银币和拜占庭帝国发行的第纳尔金币，将其继续投入使用和流通。这些硬币纯度较高，值得信赖，很适合用于远距离贸易。此外随着商业圈的不断扩大，金融业日趋成熟，汇票逐渐取代金属货币用于货款的支付。据说当时连伊斯兰国家的官员也在使用民间的汇票结算系统。

13世纪，蒙古人称霸中亚，出现了"蒙古治下的和平"。丝绸之路的交通状况愈发稳定和安全，促进了东西方的交流。来自威尼斯的马可·波罗经由丝绸之路游历至中国，之后创作了《马可·波罗游记》，其中还有关于"日本国"的记述。50年后，来自伊斯兰国家的著名旅行家伊本·白图泰也将经海路到达中国的行程笔录成书。这本游记已译成日语出版，并发行了较新版本，感兴趣的读者不妨一读。[9]

再将目光转回欧洲。到了11世纪，威尼斯共和国经由君士坦丁堡与亚洲开展贸易往来，经济活动日趋活跃，并进而刺激了热那亚、比萨等意大利大城市的经济发展。这些城邦以经济实力为基础发展海上力量，使地中海重新成为"贸易之海"。同时，斯堪的纳维亚人的活动促进了欧洲北部的繁荣，佛兰德斯地区与波罗的海国家之间开始了南北贸易。在陆上贸易之路沿线，存续至今的米兰、维也纳、法兰克福等中世纪城市也逐渐发展起来。

古希腊的科学学术中心从雅典转移至埃及的亚历山大港，并发展出古希腊科学体系。他们的成果被翻译成叙利亚语，8、9世纪在巴格达又被译为阿拉伯语。流传至今的很多古希腊文化都是通过阿拉伯语保留下来的。一般认为，在印度数学影响下发明的"阿拉伯数字"起源于巴格达，而穆斯林商人还发明了现代会计的方法——复式记账法。在"伊斯兰治下的和平"时代，纸、火药、指南针等中国文明传入了地中海地区，随后又在文艺复兴时期为欧洲吸收利用。意大利的商业城邦，不仅具有《罗马法》的契约精神，还兼容并蓄了古希腊的科学思想、印度和阿拉伯的数学思维，这为其日后的繁荣奠定了坚实的基础。

第十五回

斐波那契的伟大贡献

精通股票、债券、外汇技术分析的人都知道著名的"斐波那契数列"：

$\{1, 1, 2, 3, 5, 8, 13, 21, 34, 55, 89, \cdots\cdots\}$

该数列中的每一项都等于前两项之和，例如2+3=5，5+8=13。此外数列延续排列得越长，相邻两个数字的比值将越接近黄金比例1∶1.618……

最近，网上证券公司免费提供的股票走势图，都会附带"斐波那契回调线"（Fibonacci retracement）工具。这种工具主要运用黄金比例来分割股票以及汇率的高点和低点，以揭示走势图上股价上涨或下跌行情中的反转点位（压力位和支撑位）。虽然这种方法从某种意义上来说与占星术类似，但仍有很多投资者对其非常关注。在毫无头绪时，可以用"斐波那契回调线"来估算"反转点"。

黄金比例是一个非常神奇的数字，不仅被用于人造之物——帕特农神殿、米洛斯的维纳斯、信用卡的长宽之比等，在自然界也大量存在，如海螺的外形等。此外，在分析股票走势图时，斐波那契数列不仅用于计算差价，还可以用来计算行情反转点的持续天数，同时在"艾略特波浪理论"（市场走势由波浪构成，且按周期重复循环波动）中也发挥着重要作用。直到现在仍有很多大型金融机构的证券分析师信奉艾略特波浪理论，其神秘色彩在现代也尚未褪色。

然而，斐波那契在金融史上的意义远不止于此。

15世纪之前，欧洲几乎所有的账簿都采用罗马数字记账。例如，"七千六百九十九"用罗马数字表示，则为"$VII_M.VI_C.III_{XX}.XVIIII$"。其中 M 表示 1000，C 表示 100，XX 表示 20。不难看出，罗马数字无法用于计算，只能用于标示数字，实际计算时，方法并不比美索不达米亚的泥丸先进多少，需要利用算盘或者其他类似的工具。[10]

斐波那契，本名为列奥纳多，"斐波那契"这个称呼是由其父的姓名"波那契"（Bonacci）和"斐波"（Fibo，意为儿子）合成而来。他的父亲在因斜塔而闻名的比萨任职，是一名海关职员。父亲工作单位的一名阿拉伯数学家曾对斐波那契谈到过印度-阿拉伯数字记数法，斐波那契深受启发，刻苦钻研。这也正是受惠于上面提到的"伊斯兰治下的和平"。

后来，斐波那契前往埃及、叙利亚、希腊以及西西里岛等地游学，并在1202年手书写下《计算之书》[11]，遗憾的是当时还没有印刷机器。斐波那契通过这本书，将包含"0"以及位数概念的阿拉伯数字介绍到了西方世界。在这之后，欧洲逐渐开始采用竖式进行加减运算。

《计算之书》不仅是一本理论书，也是一本实践指导手册。其中例题极为丰富，除簿记外，甚至还有被基督教禁止的利率计算的例题。

在保守的中世纪，即使是先进合理的方法，也并不容易被普及。1229年，佛罗伦萨的货币兑换商行会宣布，禁止使用新的数字符号（阿拉伯数字）。然而，被视为"异端"的斐波那契能够闻名于世，很大程度上应归功于神圣罗马帝国的皇帝腓特烈二世。腓特烈二世头脑聪慧且对科学极感兴趣，以至于和罗马教皇势不两立，甚至两度被逐出教门。《计算之书》深受皇帝的青睐。据说，1220年当腓特烈二世访问比萨时，特地召见了斐波那契，并令其解答三次方程式问题。为此，斐波那契撰写了《平方数书》，献给了皇帝。至于为何关于三次方程的书籍会取名为"平方数"，并无从知晓。

阿拉伯数字虽在数学家中引起了轰动,但在较为保守的金融领域却一直备受冷落。其原因不仅在于阿拉伯数字是"来自异教徒的异端",而且容易造假,比如将 1 改为 7,或者将 0 改为 6。阿拉伯数字真正开始广泛用于簿记,是在古腾堡发明印刷机(约 1445 年)与金属活字印刷术出现之后。

第十六回

达蒂尼的书信
——充满生机的地中海世界

　　1870年的一天,人们在意大利佛罗伦萨近郊的普拉托小城,发现了15万封中世纪意大利商人留下来的书信。这位商人是生于1335年的弗朗西斯科·迪·马可·达蒂尼,而这些重见天日的书信写于1370年至1410年之间,包括约500册会计账簿、约300册合作经营的合同,以及保单、船运提单、汇票、支票,还有私人信件。

　　达蒂尼生活的时代,正处于罗马教廷暂时迁至法国阿维尼翁,教皇沦为"阿维尼翁之囚"的特殊时期。1328年之前,达蒂尼一直在教皇及其追随者的大本营阿维尼翁经营生意,这里有更多的商业机会。之后达蒂尼回到故乡普拉托。

当时他并没有像"佛罗伦萨三大家族"巴尔迪、佩鲁齐、阿奇艾乌奥利那样向王侯贵族提供贷款,因此没有获得巨贾的称呼。但实际上,达蒂尼的业务以羊毛产品为中心广泛开展,在佛罗伦萨、比萨、热那亚、巴塞罗那、巴伦西亚,甚至巴利阿里群岛的马略卡岛和伊维萨岛都开设了分店,如图4-1所示。

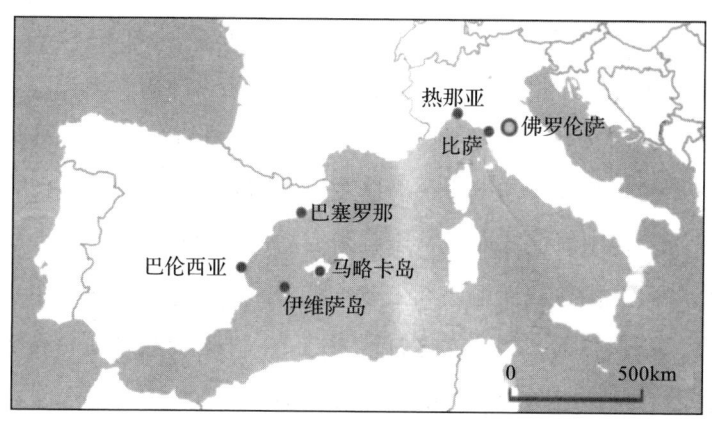

图4-1　达蒂尼的业务网络:从佛罗伦萨、比萨到伊维萨岛

达蒂尼的经营范围十分广泛,他从东方的拜占庭帝国进口铅和明矾,从黑海进口奴隶和调味料,从伦敦进口英格兰羊毛和毛织物,从马略卡岛进口羊毛,从伊维萨岛进口盐,从威尼斯进口丝绸,从突尼斯进口皮革,从西西里岛进口小麦,从加泰罗尼亚进口甜橙,经办各类物资。1399年,达蒂尼不顾周围的反对,在佛罗伦萨开设了银行,并加入了金融行会"Arte del Cambio"。他将家人留在普拉托,只身前

往佛罗伦萨，因此留下了大量与妻子之间的往来书信。

从这些书信资料中可以发现，达蒂尼的账簿从1384年起，开始由单式记账变为复式记账，而不动产以及有形资产的相关账目已采用折旧和摊销（逐期分摊债券溢价，从而均匀降低账面价值）等现代会计处理办法。另外，坏账被明确认定为亏损。

当时的伊比利亚半岛正处于基督教徒"收复失地运动"的高潮，以阿尔汗布拉宫闻名的格拉纳达王国尚未灭亡。地中海南岸为伊斯兰教地区，埃及为马穆鲁克王朝，东部的奥斯曼土耳其帝国处于"伊斯兰治下的和平"时期。在此背景下，地中海航线船只往来频繁，船运甚至穿过了直布罗陀海峡直至佛兰德斯地区和伦敦泰晤士河港。船长也来自英格兰、德国等不同国家。达蒂尼与之一一小心稳妥地签订海上保险合同，进行国际贸易，以此营生。

由此可以看出，此时汇票和支票已是常见的金融手段，汇票结算银行构建的国际性结算体系发挥着重要作用。海滨城市国家比萨的关税表存留至今，那是银行免费分发给客户的，上面详细规定了不同产品对应的税率。而税金的出纳工作则由比萨的银行承担。此外，研究者发现，达蒂尼的生意利润率仅为8.92%，并不算高，估计这也相应地降低了风险。

中世纪意大利的商业为合营形式，主要采用双方合伙、以每次航海为周期的"康孟达"(Commenda)契约。这种商事契约模仿了伊斯兰国家名为"muqārada"(有血缘关系的亲戚、兄弟间的共同合资)的模式。后来达蒂尼公司等托斯卡纳地区的贸易公司在此基础上发明了新的契约形式，称为"Compagnia"。该词由拉丁语"com"(一起)和"panis"(面包)合成而来，有"分享面包"之意。另外，合伙人在资本之外可另外筹集资金，称为"外资本"。这和现代的债券相似，可获得8%的固定利息而非红利。以达蒂尼的书信为素材，意大利作家爱丽丝·欧瑞格(Iris Origo)撰写了研究专著《普拉托的商人》(*The Merchant of Prato*)，书中向人们展示了与中世纪欧洲一直以来的"黑暗"形象完全不同的另一个世界，描绘了地中海地区商业贸易的繁荣景象。

第十七回

现代会计之父
——卢卡·帕乔利

出生于意大利托斯卡纳的卢卡·帕乔利被称为现代会计之父（簿记之父）。[12] 帕乔利的专业为数学，曾在佩鲁贾大学执教，与相交甚笃的列奥纳多·达·芬奇共同研究过立体图形。1494年，帕乔利用意大利语撰写了《算术、几何、比与比例概要》（又称《数学大全》），这本书在印刷时同时采用了活字和雕版两种印刷方式。此时印刷业已初见规模，因此与斐波那契不同，帕乔利的著作得以付诸印刷并流传于世。

当时的学术性书籍一般以拉丁语出版，因此用意大利语撰写的《数学大全》应该属于实用性书籍。另外，这本书最突出的特点在于，书中采用的是阿拉伯数字而非罗马数字。对此，帕乔利在书中提到是受了斐波那契的影响。1523年，为了方便非意大利语读者阅读，《数学大全》以拉丁语再版，成为当时的畅销书。

《数学大全》涵盖了算术、代数、金融数学、簿记、几何等领域，堪称一部"数学辞典"。书中对复式簿记的概念进行了说明。正因如此，帕乔利被后世称为"现代会计之父"。不过，现在也有观点认为，复式簿记是阿拉伯人的发明。此外，早在1340年的热那亚财务官员的记录和其他账簿中，已经出现了复式簿记的方法，因此人们认为，帕乔利并非复式簿记的发明者，而是对相关技术进行了总结归纳。

例如，在印度数学中原本有负数这一概念，而阿拉伯人并不认可负数的使用。因此，斐波那契所学的阿拉伯数字中，虽然有用于减法运算的符号，却不存在"-5"这样的负数。

不使用负数这一习惯，直到现在都影响着我们的簿记方式。比如，现代会计中使用的资产负债表便是一例。当然，如果资产的部分成为负数则意味着企业破产，然而在正常情况下，正（资产）与负（负债）左右分列，在表中只使用正数来表示资产状况。总之，在帕乔利的时代，账簿中的借与贷基本上都以正数来表示。

随着由古腾堡发明的印刷技术不断发展，其对金融领域产生了巨大影响。

印刷术不仅推动了金融技术类书籍（计算手册等）的普及，还加大了证券和各类票据的伪造难度。作家盐野七生在《海都物语》中提到，印刷机问世约半个世纪后，从1495年到1497年，整个欧洲出版发行了1821种新书，其中有447种在威尼斯出版，遥遥领先于位居第二位的巴黎的181种。由此可见，包括威尼斯在内，整个意大利是当时欧洲文化的中心，也是欧洲讯息对外传播的原点。

另外，哥伦布发现西印度群岛是在1492年，当时簿记技术已经较为成熟，出版业开始日益繁荣，彻底改变东西方命运的大航海时代也渐渐拉开了帷幕。

第十八回

威尼斯的功绩
——银行的设立

　　普拉托商人达蒂尼与佛罗伦萨首富乔凡尼·迪比奇·德·美第奇处于同一时代。乔凡尼在1385年掌管了亲戚经营的货币兑换商铺的罗马分店，后于1397年回到了佛罗伦萨。想来，在货币兑换商行会 Arte del Cambio 上，乔凡尼应该见到过老年的达蒂尼。

　　1410年，乔凡尼成为罗马教廷会计院的财务总管，全权负责教廷的金融事务。发布利息禁令的大本营竟然成了乔凡尼的客户。他在这里获利颇丰，为日后美第奇家族的繁荣奠定了基础。1420年，乔凡尼将实际业务委任给了长子科西莫。这位科西莫，正是日本作家辻邦生的小说《春天的加冕》中的人物"老科西莫"。这部小说以美第奇家族的繁荣和佛罗伦萨的文艺复兴为题材。

银行的起源可以追溯到美索不达米亚文明时期白银的私人借贷。在货币的诞生地古希腊,以不动产为抵押的融资交易非常活跃,有些商人在寄存保管货币和生金时会支付利息。古罗马时期出现了办理税款出纳业务的商铺,名为"Tabernae argentariae"(argentariae 指从事货币业务的商人)。而且当时转让证明广泛流通。然而《货币崛起》(*The Ascent of Money: A Financial History of the World*)的作者尼尔·弗格森(Niall Ferguson)以及《图说银行历史》(*Banking: An Illustrated History*)的作者爱德文·格林(Edwin Green)都主张,银行起源于中世纪意大利的货币兑换商。

包括办理货币业务的商人在内,意大利伦巴第区的商户经常在店铺外搭建交易柜台,称为"bench"——这也是意大利语"banco"和英语"bank"(银行)的语源。英语中表示"破产"的"bankruptcy"一词,意思就是砸坏柜台使交易无法进行。

后来,一部分伦巴第的货币兑换商迁居至伦敦市区,逐渐形成了名为"伦巴第街"的金融街。而在日本,"伦巴第"则用来命名日本银行以官方利率提供贷款的一种形式——"伦巴第式贷款制度"(担保额度内贷款的制度),这将交易柜台的历史痕迹存留至今。

盐野七生在《海都物语》中指出了威尼斯银行的特殊性，并认为近代银行得以建立，应归功于威尼斯。前文中提到的伦巴第的"banco"，将金银货币堆满柜台，这是不折不扣的"街边兑换铺"。而据说威尼斯的银行，则是只将账簿放在柜台上，称为"banco di scritta"（书写的银行）。在没有现金的情况下也能实现汇票结算和账户间的资金转移。此外，佛罗伦萨的美第奇银行和热那亚的圣乔治银行被称为"banchi grossi"（意为"大银行"），这些银行虽然很可能顾客有限，但已经具备了与现代大型银行相同的功能。

存款、贷款、汇款和支票等银行业务均源于意大利的银行，而现代银行所具有的"信用创造"这一职能的产生，则与英国的金匠密不可分。"金匠"的英语为"goldsmith"，指保管、加工黄金的相关业者。17世纪的伦敦，正处于资产阶级革命的乱世之中，因此资本家都将现金及贵重物品寄存在金匠那里，而进行物品保管的金匠须发放黄金保管证明。渐渐地，这种证明书本身开始流通，具有了纸币的功能。

一天，金匠发现自己用于支付的黄金总是少于手中保管的黄金。这是因为有的客户未将证明书兑换成黄金，而直接将其用于支付。于是金匠开始提供高于保有黄金数量的贷款，而借入黄金的人又会立刻将黄金寄存在金匠处，并换取保管证明。如此，金匠的贷款额度超出了保管的黄金价值，也即创造了信用。这就是所谓的"金匠银行说"，而保管证明也是纸币的原型。

有一名金匠名叫爱德华·巴克韦尔（Edward Backwell），也被称为"英国银行业之父"。巴克韦尔同时从事面向政府融资的中介业务，即从其他金匠手中获得存款并贷款给政府的财政机构。1665年，英格兰政府发行了国债的前身"还款凭证"，巴克韦尔投入了自己及其他金匠的资金，进行了大规模的购买。此时正是金匠行业的黄金时代。然而1672年，英国国王查理二世债务违约，购买"还款凭证"的巴克韦尔和其他金匠们也随之破产。

而当时无力购买"还款凭证"的小型金匠，则和公证人银行一起存活下来，成为以后英国个人客户银行的根基。

第五章

大航海时代

第十九回

创业者的时代

让我们把目光从17世纪的英格兰,再转回中世纪的地中海。进入15世纪,东罗马拜占庭帝国势力衰弱,穆斯林商人控制了与印度洋、黑海等东方地区之间的调味料(胡椒等)贸易。虽然贸易并未中断,但是价格出现了上涨。于是,意大利商人开始探索经由好望角与亚洲进行贸易的路线。其最大的动机便是胡椒贸易。当时胡椒是非常重要的商品,也能获得巨大的利润。莉泽特·科林厄姆在《咖喱传奇》中指出,"胡椒曾用于腐烂的肉类"这一传闻并不属实。有经济实力使用大量胡椒防止食物腐烂的人,根本不会去食用腐肉。说到底,胡椒就是一种能够使肉类味道更加可口的调味料。人们对于美味的追求，造成了商人们对于胡椒贸易的执着。

1419 年，大西洋上的马德拉岛被发现，随后葡萄牙对该岛进行开发，并成为大航海时代一系列活动的主角。而葡萄牙背后的支撑力量便是来自热那亚的资本。对水手们的探险活动和各种投资项目进行赞助的，是佛罗伦萨、威尼斯等地的意大利商人。根据普拉托商人达蒂尼的生意状况可知，当时在西欧境内，已经充分实现了贸易的地区一体化，财富在这一时期还主要集中在意大利。此外，在 1421 年，世界上第一个专利诞生于佛罗伦萨，授予了菲利波·布鲁内莱斯基（Filippo Brunelleschi）设计的"大理石运输船"。1474 年，威尼斯颁布《专利法》，财产权相关法律的完备程度引人注目。1453 年，东罗马拜占庭帝国为奥斯曼帝国所灭，也宣告了罗马帝国的彻底终结。1492 年，西班牙攻陷了西欧最后的伊斯兰势力——格拉纳达王国。至此，地中海地区呈现出伊斯兰教占据东、南，基督教占据西、北的两分格局。意大利商人和西班牙的目光开始由地中海投向远洋，欧洲的中心也移出了地中海地区，逐渐北移。

哥伦布本来不是西班牙人，他出生于意大利的热那亚，是一名水手。用现今时髦的话来说，哥伦布是一位勇于冒险的创业者。其实他并不向往印度，只是想干出一番大事业。为了寻求出资人，哥伦布制定了几个行程方案，其中还提到了《马可·波罗游记》中描述的"梦幻王国"日本。他想方设法找关系、做宣传，游说了法国的安茹伯爵、西班牙国王、西班牙的梅迪纳－西多尼亚公爵、葡萄牙贵族，甚至还将网撒到了英格兰（尽管本人没有亲自前往）。然而他的理想并没有得到太多支持。面对拒绝，哥伦布并没有气馁，而是改变了策略，根据游说对象投其所好，灵活调整宣传内容。这种不屈不挠的精神，恐怕正是哥伦布能将鸡蛋立于桌上的秘诀所在[一]。

当时，哥伦布只是众多冒险家中的一员。1488年，在葡萄牙的资助下，巴尔托洛梅乌·迪亚士绕过好望角回到里斯本，获知消息的哥伦布意识到被人抢占了先机，深感失望。同时，他推测葡萄牙王室不会再有兴致横跨大西洋去登陆亚洲，于是便将寻求资助的目标转向了西班牙。

1492年，哥伦布在西班牙的资助下出海并发现了西印度群岛，1497年意大利航海家约翰·卡伯特从纽芬兰岛经由佛罗里达回到英格兰。同年，葡萄牙航海家瓦斯科·达·伽马驶向印度洋，1498年卡伯特再次横渡大西洋，并发现了特拉华和切萨皮克湾。1500年，葡萄牙航海家卡布拉尔到达巴西（纯属偶然）。几乎同属同一时期，现代会计之父帕乔利的《数学大全》从问世到其拉丁语版的出版尚且花费了29年，而大航海的发现却不是积水成渊式的缓步进展。从整个世界历史的进程来看，可以说是在瞬间就大功

[一] 指哥伦布发现新大陆后从海上归来，面对贵族的嘲讽巧立鸡蛋的故事。——译者注

第五章　大航海时代

告成。

热那亚人哥伦布的资助方是西班牙，以英语名字"John Cabot"闻名世界的卡伯特实际是威尼斯人（意大利语名：Giovanni Caboto），其资助方是英格兰。卡伯特登陆纽芬兰岛之后，插上了英格兰和威尼斯共和国两国的国旗。

各国的航海探险活动拉开了大航海时代的序幕。而正如日本的明治维新一样，这些探险活动是人们相互影响、在短时间内集中实现的。哥伦布、卡伯特等人在掌握了大西洋上的信风和墨西哥湾暖流的规律后，便可自由地反复往返于同一场所，这意味着"航线的发现"。哥伦布一生中曾4次横渡大西洋，而直到第3次他才意识到自己发现的并不是印度，尽管据说周围的人早已知晓这个事实。

原本必须经由伊斯兰国家进口的胡椒，随着好望角航线的开拓，大量输入欧洲。即使如此，在威尼斯，胡椒依然保持着绝对的价格竞争力。而贸易的中心据点则从深居地中海内部的威尼斯，转移到与欧洲各地消费市场开通了航线的比利时城市布鲁日和安特卫普。

在世界的东方，亚洲也开始向外海大洋谋求发展。此时中国正处于明朝。从大航海时代尚未拉开序幕的1405年开始，到1433年，郑和奉永乐帝之命率领庞大的船队7次横渡印度洋。船队以长137米的巨船为旗舰，共有62艘船，船员多达27 000人，声势浩大。生平第一次看到如此大规模的船队，想必船员们无不叹为观止、诚惶诚恐。与此相比，哥伦布的圣玛利亚号只有 18 米。再往后推至几百年后的 19 世纪，打开日本国门的"黑船"——佩里舰队的萨斯喀那号也不过 78 米。郑和船队当时在印度洋上的威武阵仗，恐怕是黑船难以企及的。

郑和率领船队渡过红海，到达了麦加和麦地那，向南直至肯尼亚的马林迪。据称部分船只绕过了好望角，出现在非洲大陆的大西洋沿岸海域。按照这种趋势发展下去，明朝很可能会取代不列颠。然而在郑和去世后，航海大业便突然停止了。这是由于明政府为对抗北方少数民族的威胁，将财政资金集中用于万里长城的修建。此后造船厂被拆毁，中国进入了闭关锁国的状态。

美国生物学家贾雷德·戴蒙德在其畅销书《枪炮、病菌与钢铁》中，提到了东西方的结构差异：就像哥伦布可以不断更换资助者一样，欧洲并不是一个统一的大陆，它存在多种决策方式。而中国自古处于统一的政治体制之下。

以大航海时代为分水岭，欧洲大陆迎来巨变。从此，西方逐渐超越东方，占据了优势地位。

第二十回

来自新大陆的白银
——价格革命

　　大约 60 年前，一直研究"西方的崛起"这一课题的芝加哥大学名誉教授威廉·哈迪·麦克尼尔提出了一个令人不解的问题：被称为"征服者"（Conquistador）的西班牙人埃尔南·科尔特斯为何能以 600 人的兵力，在短时间内征服阿兹特克国？此前的定论是，欧洲人拥有马匹而阿兹特克没有，欧洲人持有的武器更加先进等，但麦克尼尔对这些解释并不满意。此外，研究发现，阿兹特克帝国的高压政治使很多部族归顺了征服者，然而麦克尼尔对这一理由也不认同。

　　在麦克尼尔孜孜不倦的追问下，事实终于得以大白于天下：欧洲人携带的传染病，使没有免疫力的土著居民遭受了灭顶之灾。西班牙帝国占领的美洲土著地区在1500年有5000万人口，到1650年只剩400万，且该数字还包括这150年间迁徙而来的欧洲人，可见传染病带来的危害是毁灭性的。

麦克尼尔在长年畅销全球的《世界史》一书中指出：大航海时代的疾病传播，美洲大陆传来的栽培植物，还有下文中将介绍的"价格革命"，这些因素极大地改变了文明社会和未开化民族的生活。

牛、马、猪等物种都是从欧洲引入美洲大陆的。美国西部片中描绘的印第安人，好像天生就是出色的骑手。然而事实上，印第安人开始骑马是在哥伦布发现新大陆以后。所谓"野马"（mustang），原本也是从欧洲引入的马匹，逃脱后在野外自然生存的。

另一方面，马铃薯、西红柿、玉米、辣椒和烟草，则是由美洲大陆引入欧洲的。这些栽培植物在亚欧大陆的文明社会迅速传播开来，扩大了粮食供给，人口数量随之增加。在大航海时代之前的意大利，人们用生火腿包裹甜瓜食用，还没有番茄酱；德国菜中没有马铃薯——这是现在难以想象的；印度的咖喱也不放辣椒[13]；泰国菜的辛辣味道和今天不同；也没有泡菜、麻婆豆腐、茄汁虾仁。

西班牙人在美洲大陆的殖民占领速度惊人。1521年，科尔特斯征服阿兹特克帝国。1532年，法兰西斯克·皮泽洛仅以 200 人的兵力灭亡了印加帝国。1545 年，西班牙人发现波托西银矿，第二年又在墨西哥发现了萨卡特卡斯银矿。大批西班牙人从欧洲涌入波托西，该地人口迅速超过了 20 万人，这在当时是世界性大都市的人口规模。

1557 年，将金、银使用水银溶解后进行提取的"汞齐法"传入美洲大陆，白银产量大幅度增加。在 1595 年美洲殖民地各类商品的出口额中，白银占据了 95%。

古时亚历山大大帝远征亚欧各地，将希腊、小亚细亚、埃及、美索不达米亚平原的金银财宝聚敛起来，并作为远征军的报酬，使之散布于地中海沿岸。可以说，这为古罗马货币经济的发展奠定了基础。到 15 世纪末，德国地区也开始开采银矿，大富豪富格尔家族垄断了欧洲的白银生产。继而，前所未有的大量白银经西班牙之手流入欧洲。在一个世纪里，西班牙的物价上涨到原来的 4 倍，甚至影响了欧洲其他地区。货币数量的急剧增长使欧洲社会出现了长期的通货膨胀，这被称为"价格革命"。

由于通货膨胀的影响，一直以来在封建制度下依靠地租收入安稳度日的封建主，以及维持最低生活水平的底层民众的生活开始受到威胁，工商业却获得了发展的动力。大航海时代新大陆和新航线的发现，促进了欧洲和新大陆之间的国际化，而白银正是其中的润滑剂。玉米、红茶、砂糖、小麦等农产品和简易的工业制品在大陆间流通，影响了当地传统的农业和手工业。这和现在的全球化十分相似。

随着印刷技术投入实际使用,《圣经》得以大量印刷。1517年，马丁·路德着手推动宗教改革。一些民众也在抗拒以罗马教会为中心的传统权威。这一时期也是欧洲超越伊斯兰国家和中国，开始称霸世界的转折点。1526年，一直禁止利息的中世纪基督教会发生了改变——出身于佛罗伦萨美第奇家族的教皇克雷芒七世发行了教廷公债，每年支付10%的利息。此外1517年的第五次拉特朗大公会议宣布撤回高利贷的禁令（承认意大利的个人贷款项目"慈善基金"（Monte di Pieta））。当时教廷也从富格尔家族借入了巨额债款。

第二十一回

美元的起源

新大陆的银矿被发现之前,在旧大陆波西米亚地区的亚希莫夫,人们也发现了银矿。当时,该地区在德语中被称为"thal",意为山谷。从1517年开始,地主斯蒂芬·施利克(Steffen Schlick)利用该地出产的白银铸造了一种体积较大、成色较好的银币,与当时在欧洲社会作为国际通货流通的佛罗伦萨弗洛林金币价值相等。在新大陆的银矿尚未被发现的时代,货币数量不足,因此这种银币迅速流通到欧洲各地。直到20世纪,它一直是各类银币参照的标准。

之后,这一银币被称为"泰勒"或者"塔勒银币"

(thaler),意为"山谷的产物"。传入西班牙后名为"dolera",在英格兰叫作"dollar"。几百年后的 19 世纪,银币传入日本,翻译称其为"doruraru",随后"raru"被省略,简化为现代日语中的"doru"(美元)。

西班牙曾模仿这种银币铸造了西班牙比索银币(peso)("比索"意为一天的工作量)。英国人称之为"西班牙银元"(Spanish dollar),并用錾刀将银元平均切分成八份使用。大英博物馆收藏有这种硬币,名为"八块币"(Piece of Eight)。[14]

"汞齐法"发明以后,大量白银瞬间涌入欧洲,引起了"价格革命"。此时,西班牙国王卡洛斯一世命令美洲殖民地按照西班牙的造币规定铸造银币。其中,墨西哥银元在 1535 年至 1903 年的铸造总额高达 35.5 亿元(dollar),而且始终保持着优质的成色,因此一直作为国际通货用于贸易,在全球流通。

另外,英国开始奉行重商主义[15],并严格限制金银币的输出,因此当时英国的殖民地——美国总是面临着英镑数量不足的问题。于是,墨西哥银元开始代替英镑广泛流通。

因此,"dollar"成了美国货币的单位。2001 年美国股票的报价均以 1/8 美元为单位。其根源就是"八块币"。如"15 又 1/8 美元"的报价为"fifteen and one eighth"(15 美元加 1 个 1/8）。美国的债券甚至会以 1/16 和 1/32 为单位。这源于用钳子或錾刀切割墨西哥银元时产生的 1 切 2、2 切 4、4 切 8、8 切 16 的倍数关系。毕竟将银币人工切割成 10 等分是很困难的。或者说现代人认为天经地义的十进制，在当时尚未流行开来。而在日本，小说家池波正太郎的《鬼平犯科账》中也描绘了这样的情景：在酒馆喝酒的客人结账时拿出一分金币并慷慨吩咐道"不用找了"。这里的"一分"为 1/4 两，重量也是"小判"㊀的 1/4。这在当时并非小数目，店家不找零也会觉得"不好意思"。实际上，1 分等于 4 朱，1 两即为 16 朱。作为辅币，一朱金币的含金量较低，因此如果将 16 朱金币熔化，其含金量也不敌一枚"小判"。

1853 年，佩里率舰队驶入日本浦贺。停泊中的"黑船"舰队要求日本提供饮用水、鸡肉、鸭肉、鸡蛋、蔬菜等新鲜食物和燃料。虽然此时尚未缔结条约，但幕府出于人道主义考虑满足了舰队的要求。

对此，美国自行查定了商品价格，用墨西哥银元（西洋银币）支付给日本 350 元（dollar）。幕府立即对这些硬币进行了成分分析，发现美方支付的似乎为劣质银元，银含量低于正常墨西哥银元的标准。可见当时日本银币的解析技术也是不可小觑的。

后来，墨西哥银元传入中国。在中国，硬币形状为圆

㊀ 日本江户时代的小金币。1 枚为 1 两。——译者注

形，因此称其为"银圆"。辛亥革命后发行了与墨西哥银元等质的银币，并规定货币单位为"圓"（YUAN），后来因笔画较多、难于书写而换成同音的"元"，一直沿用至今。此外，"圓"在韩语中读作"WON"，在日语中则演变成"円"（YEN）。总之，中日韩三国的货币可谓同宗同源。

第二十二回

英国繁荣的奠基人
——海盗

电影《加勒比海盗》中,约翰尼·德普扮演的杰克·斯派洛被东印度公司解雇,并被政府打上海盗的烙印,失去了法律的保护,是一个"亡命之徒"。这位曾经的东印度公司雇员,在17世纪中期却成为英国海军追捕的对象。然而事实上,海盗对于大英帝国来说并非一直都是个麻烦。

随着大量白银流入欧洲,德国境内的银矿相继关闭,而之前的财富集聚地安特卫普(也是英国毛织物的出口目的地)购买力也逐渐下降。因此,英国急需开拓新市场。在大航海时代初期,英国探索新大陆的热情并没有西班牙和葡萄牙那样高涨，然而到了这一时期，面向新大陆和亚洲开辟市场的必要性日益凸显。

最初，商人们共同出资，经由北冰洋将满船的毛织物运往亚洲。选择这一线路可能意在避开西班牙和葡萄牙，却也冒了极大的风险。在全球不断变暖的现代，北极圈附近的东北航道颇受关注，然而在当时，很多人会冻死在这条航线上。与俄国开展贸易之后，英国逐渐将触角伸到西班牙和葡萄牙的领地——新大陆和亚洲。当然，与两国之间的嫌隙也产生了。

1577年，距离杰克·斯派洛的登场还有1个世纪，英国处于伊丽莎白一世的统治之下。这一年，海盗弗朗西斯·德雷克袭击了西班牙在新大陆运送白银的要地——巴拿马地峡。当时，在太平洋沿岸的秘鲁开采的白银先被运送至巴拿马，再通过陆路运输到大西洋沿岸。德雷克将大量白银带回伦敦，立刻掀起了一阵投资热潮。这种海盗行为在某种意义上属于风险业务。为了筹措航海费用，德雷克曾在出发前招募出资人，甚至吸引了英国女王的参与。

这一次，德雷克的目标不是之前的加勒比海，而是转移到了位于新大陆西海岸、以波托西银矿闻名的秘鲁（当时）。他计划在袭击秘鲁后横渡太平洋，经亚洲返回伦敦，可谓雄心勃勃。虽然这个计划有些鲁莽，但德雷克这种顽强的冒险精神，也正是大英帝国走向繁荣的原动力。两年十个月后，德雷克返回伦敦时，该风险投资的收益额高达60万英镑，而伊丽莎白一世获得的分红收益率达到4700%。

女王利用这笔收益还清了外债，剩余资金则用于黎凡特公司对东部地中海地区的投资。黎凡特为地理名称，位于现在的以色列一带的中东地区。后来，英国利用黎凡特公司的创收成立了东印度公司。如此想来，可以说德雷克等海盗为英国以后的繁荣奠定了基础。

后来，英国的海事法庭给海盗颁发了"私掠许可证"，并规定，尽管海盗船只不是正规的海军舰队，但是可以袭击敌国船队。虽然有些船只拥有明确的出资人，与杰克·斯派洛等非法的海盗船有一定差别，但是，二者的行为及本质并无差异。

历史学家增田义郎在《掠夺之海：加勒比》中指出：虽然英国的历史学家不愿意承认这段历史，但著名经济学家约翰·梅纳德·凯恩斯却肯定了上述事实的存在。

凯恩斯在《货币论》第六篇第30章"历史上的例证"中，提到了来自新大陆的白银流入引发的"价格革命"。他指出，从新大陆流入西班牙的白银只给西班牙的政府及政府官员带来了好处，利润推进型通货膨胀（经济繁荣时期）持续时间较短，没有促成资本积累。而在英国和法国，新大陆的白银是通过私人贸易输入的，因此利润推进型通货膨胀得以维持了较长时间。也就是说英法并未以国家身份干预财富的输入，而是完全放手给了民间。此外，凯恩斯写道：

> "的确，德雷克用金鹿号（女王借给他的船）带回来的战利品，正是英国海外投资的资金源泉，也是海外投资的起源。"

罗伯特·赖克在《超级资本主义》一书中谈到了近年来资本主义的失控状态，其实不必说现在，资本主义从其源头开始，就带有些许不守规矩的野蛮色彩。

北部的欧洲国家曾将帝国主义的执行委托给公司，东印度公司便是一个典型。而南部的欧洲国家则表现为国王直接染指帝国主义。历史证明，由股东监管公司经营者行为的方式更为合理。

在北部欧洲，议会管理国家，通过保护私有权、放宽限制，实现了经济体制的高效运行。另外，交易过程规范化，设立了商事法庭，人们无须担心私有权受到侵害。因此商务活动便捷、交易成本低廉的阿姆斯特丹和伦敦，自然吸引了大批商人云集于此。

1588年，德雷克担任英国舰队副司令，大败西班牙的无敌舰队。在此之前，德雷克一直在西班牙安达卢西亚地区进行海盗活动，但其目标已非白银。据说直到现代，当地居民在孩子哭闹时都会说"德雷克来了"来吓唬孩子，让他们听话。可见德雷克确实是个可怕的人物。

比起葡萄酒，德雷克更喜欢方便出海饮用的、不易腐坏的安达卢西亚产的雪莉酒。雪莉酒是在葡萄酒中兑入白兰地酿制而成的。后来雪莉酒成为英国人钟爱的酒类。英国人在喝完的空酒桶中放满苏格兰纯麦威士忌的原液，陈放数年，制成雪莉桶威士忌。直至今日，苏格兰威士忌仍在为英国赚取外汇。仔细想来，这也应算是德雷克的功劳。

第二十三回

再论《威尼斯商人的资本论》

美国演员阿尔·帕西诺是个莎士比亚迷。1996年,阿尔·帕西诺拍摄了纪录片《寻找理查德》,记录了自己排演莎翁剧本《理查三世》的整个过程。2004年,阿尔·帕西诺在电影《威尼斯商人》中饰演了贪婪的犹太债主夏洛克。可惜个人喜好和商业利益经常不可兼得,该片票房十分惨淡。然而阿尔·帕西诺的很多作品都是历久弥新,在一段时间后才获得较高评价,因此现在就断言影片的失败可能还为时过早。

日本经济学家岩井克人曾写过一本《威尼斯商人的资本论》,从经济学角度分析《威尼斯商人》,并探索资本主义的起源。该书出版于 1985 年，直到现在仍有很多人对其进行阐释，撰写书评。笔者建议各位在阅读此书之前，可以先观看阿尔·帕西诺的电影，大致了解一下《威尼斯商人》的故事情节。

莎士比亚创作的戏剧《威尼斯商人》，以 14 世纪的意大利小说为蓝本，写于 1596 年至 1597 年。剧中真实再现了莎士比亚时期威尼斯的社会状况。此时意大利已走过全盛期，进入了大航海时代，距离哥伦布发现新大陆已过去了一个世纪。

"威尼斯商人"安东尼奥在商业城市威尼斯从事远洋贸易。为了降低经营风险，安东尼奥的贸易目的地分布在的黎波里、西印度、墨西哥、英国等地。和爱丽丝·欧瑞格笔下的"普拉托商人"相比，安东尼奥的业务范围更为广阔：将中国和波斯的丝绸，以及印度和苏门答腊岛的胡椒转运出口到欧洲，并进口西印度群岛的砂糖、烟草和咖啡，墨西哥的白银以及英国的毛织物。

1580 年，英国海盗德雷克驾船环游世界；1600 年，英国成立东印度公司。安东尼奥进口的商品中有丝绸、胡椒等，说明经由好望角的航线尚未取代地中海航线。此时欧洲人的喜好并非中国及印度产的红茶，西印度群岛生产的咖啡仍然是交易的热门商品。咖啡原本从也门进口，这一时期，欧洲在加勒比海的殖民地已经开始了咖啡豆的种植。

《威尼斯商人》的故事，发生在欧洲经济中心从地中海移向北欧的时期，换言之，正由中世纪向近代推移。当时的威尼斯并不承认犹太人的土地私有权，因此夏洛克等犹太人只能安身于拥挤的犹太人聚居区内。为了谋求商机和自由，或许他们也正在考虑迁居荷兰或者伦敦。

《威尼斯商人的资本论》以《威尼斯商人》为题材，提出了中世纪末威尼斯的基督教禁止利息的问题，对比分析了夏洛克和安东尼奥代表的两个价值体系：夏洛克是犹太人，在欧洲为外来民族，以贷款为生，获取利息是他们必然的要求；安东尼奥在剧中虽然看似是胜利者，但是被源于亚里士多德的狭隘的城邦共同体经济关系所束缚，即将被新生的资本主义时代所抛弃。《威尼斯商人》完全可以被解读为描写威尼斯商人开始没落的故事。

"资本主义——其实质是以资本的无限增值为目的，追求永恒利润的经济组织。利润产生于差异。当资本介入两个价值体系间的差异时，利润便产生了。"

如果说利润源于差异，那么差异会在资本家追逐利润的过程中逐渐消失。如果说距离产生差异，那么随着交通工具的日益发达，差异会不断缩小。如果说制造技术催生了创新型企业产品的现在价值和未来价值的差异，那么来自同行的模仿有可能会缩小差异。新技术的开发离不开科学的理性主义。对资本主义而言，它需要不断创造差异，因为它是利润的源泉。

封闭的价值体系由于异质性产生差异，而这种差异最终会因资本的介入而消失，这实质上就是全球化。日本股市全面放开海外资本对本国证券的投资是在1980年，历史并不久远。《威尼斯商人的资本论》虽然是1985年的著作，但是，如今我们面临着跨太平洋伙伴协议（TPP）问题，困惑于东京金融市场为何无法实现全球化，这本著作和阿尔·帕西诺的电影都值得我们重温和回顾。

股票投资的利润来源于对该企业的现在价值和未来价值的差异进行的投资。受制于城邦共同体，跟不上全球化步伐的"威尼斯商人"，也可以用来比喻狭隘封闭的日本人。或许，我们虽然在反省着"过度、失控的资本主义"，但实际上，仍然像安东尼奥一样，被中世纪以来的统治体系所束缚、囚禁。

第六章

东印度公司和交易所

第二十四回

公司的诞生
——特许股票和无限责任

日本拥有世界上最古老的企业——金刚组。公元578年,为了兴建四天王寺,圣德太子从朝鲜半岛的百济招请来建寺庙的专属工匠,这就是金刚组的起源。其后虽然历经波折,包括泡沫经济之后的重重危机,此企业依然挺立不倒,至今已有1400多年的历史。日本人引以为傲的这家世界上历史最悠久的企业,其实是百济人建立的。直到江户时代,金刚组都是四天王寺的专属工匠组织,采用家族经营模式,这也是金刚组能够在战乱中存活下来的重要原因。1955年,金刚组转型为股份有限公司,与其漫长的历史相比,其股份化的时间并不长。

法国南部加龙河沿岸曾经有一家名为"Grand Moulin du Bazacle㊀"的公司，从 1000 多年前一直存续至今。这家公司于公元 850 年前后修建了水力研磨工厂，1150 年将公司的权利以股份形式分割并抛售，真正体现了"股"（share）这个概念。在没有交易所的年代，该公司记录了 1400 年以后的股价数据，后来在巴黎证券交易所上市。但是据金融史学家威廉·伯恩斯坦称，1946 年，该公司被"对深厚的历史传承和资本市场毫无敬意的（当时的）法国政府[16]"收归国有，成了法国电力公司，名为"EDF Bazacle"，也是图卢兹一处著名的观光胜地。

公司组织的鼻祖诞生于罗马，专门从事征税承包的业务，后来随着罗马帝国的灭亡而匿迹。意大利商人建立的公司也都寿命不长。达蒂尼的公司每两年更新一次，出资者仅限于同乡、亲兄弟、亲戚等可以信赖的人。

法人这个概念，最初萌生于被教皇、欧洲国王承认其权利的行会及特许公司。其中不仅有企业，还包括都市、大学以及宗教团体等，而在当时，它们之间的界限并不分明。

虽然在日本的知名度不高，但是成立于 12 世纪的伦敦金融城（The City of London Corporation）直到今天仍拥有着整个城市 1/4 的土地（官网上有详细介绍）。现在，伦敦

㊀ 变更为股份制公司后，更名为 Société des moulins de Bazacle。——译者注

的"市长"有两位，一位就是伦敦金融城（又称"伦敦城"）的首领"Lord Mayor"，即"伦敦金融城市长"，另一位相当于日本的自治体长官，即"Mayor of London"——"大伦敦市长"。虽然只是走个形式，但是据说就连英国国王想要进入伦敦城，都必须得到 Lord Mayor 的许可。过去，在伦敦城，只要加盟行会年满 7 年，便可免去服兵役的义务，并且可以在城里开张做生意。所以，伦敦金融城虽然其名为"公司"（Corporation），却和现代意义上的公司性质不同。

13 世纪前后，股票交易兴起。虽然特许公司可以进行股票买卖，但是要成立公司筹集资金，必须获得国家及国王的特许，并非任何人都可以随意募股。一旦公司的股票售出，投资者人数增加，便可筹集大量资金。与个体经营、家族或同族经营相比，特许公司采用辛迪加模式有效分担风险（共同投资、共同承担风险），从而可以扩大事业规模。

但是在当时，公司的股东基本上是无限责任。假设现代的东京电力公司也是股东无限责任，那么福岛第一核电站事故发生之后，股东需要支付远高于投资额的大额赔偿。如果股票投资为无限责任，股东必须谨慎审察公司的经营者。那么，像现代投资者这样，将资金分散，购入多只股票，从股东监控的角度来看是很危险的。因为投资越分散，越难以进行审察。意大利的公司以《罗马法》为依据，所有的共同经营者个体都必须承担公司债务，因此出资者一般都是与公司命运息息相关的家人或族人。

在16世纪的英国,以"特权地区"冠名的特许公司相继成立。例如莫斯科公司,以及以海盗船长德雷克的资金作为本钱的黎凡特公司等。这些公司均为无限责任,并且带有行会的性质。采用无限责任的公司在抛售股票时,需要准确判断买家在遭遇危机时的支付能力。

一般认为,荷兰东印度公司(VOC)是现代股份有限公司之滥觞。其原因在于,VOC的股东是有限责任。由于股东的损失不会超出投资额,因此,只要拥有购置股票的资金,任何人都可以买进,于是吸引了大量投资者。

第二十五回

东印度公司

1580年,与荷兰相峙的西班牙吞并了葡萄牙,使得此前一直经由葡萄牙进口胡椒的荷兰陷入断货的困境。于是,荷兰成立了一支船队,直接前往亚洲进行胡椒贸易。

荷兰航海的成功,证明了经由好望角便可以直接与亚洲进行胡椒贸易,不必依靠葡萄牙。这一消息令英国黎凡特公司深受触动。这家公司一直经由中东从亚洲进口胡椒,需要向中介印度商人和伊斯兰教徒支付高额的手续费,如果能够改道好望角航线,进货费用将大幅降低。

于是,黎凡特公司的成员向伊丽莎白一世提出申请,获准从218位投资者手中筹集了68 000英镑资金，于1600年末成立了由5艘船只组成的船队。女王特许他们在东印度地区15年的贸易特权。投资收益的结算以每次航海为期，尚无有限责任的概念。首次航海取得了巨大成功，投资者被要求再为下次航海出资200英镑。这就是英国东印度公司。

另外，率先与亚洲直接开展贸易的荷兰，则于1602年成立了荷兰东印度公司，稍晚于英国。VOC由17人发起，筹集了650万荷兰盾（10荷兰盾=1英镑）为资本金。英国东印度公司因为后期在印度殖民地的开发经营而广为人知，其实最初的资金投入只有荷兰东印度公司的1/10左右。

英国东印度公司将每次航海作为一项独立的事业，单次出资结算；荷兰东印度公司则是将21年间所有的航海活动作为一个整体的事业，和今天采用所谓永久性资本制度、具有存续性的公司性质相似。1600年，三浦按针即英国人威廉·亚当斯搭乘荷兰商船Liefde号经太平洋抵达日本。1609年，平户的荷兰商馆开设。此时，刚刚开基立业的德川幕府所接触到的荷兰，是一个富庶而发达的国家。

荷兰东印度公司（VOC）明确规定股东为有限责任，从这一点来看，VOC是当之无愧的现代股份有限公司的鼻祖。由于事业具有连续性且采取有限责任制，VOC的股票交易非常活跃。此外，在VOC成立的1602年，阿姆斯特丹证券交易所也诞生了，地点位于VOC附近。如果说荷兰东印度公司是世界上第一家现代股份有限公司,那么阿姆斯特丹证券交易所可谓史上第一个证券交易所。

已故经济史学家安格斯·麦迪逊曾提到,从当时的人均GDP来看,荷兰是最富裕的国家,达到2175美元,英国是1440美元。而当时最强大的国家西班牙,人均GDP不过1370美元,葡萄牙为1175美元。但是,这时荷兰在形式上并未从西班牙独立。

在荷兰,持有私有土地的富裕阶层并非拥有国王的封地,而是来源于民间的填海造田事业。与英国相比,荷兰的民间资金颇为丰富。当时,英国就像荷兰的后辈小弟,在胡椒贸易上被荷兰占得先机,只得专注于在印度的经营。然而,荷兰也过分执着于利润丰厚的胡椒贸易,以致在第二次英荷战争之后,竟然以曼哈顿岛为代价,与英国交换了东印度群岛的Run岛㊀——此岛的唯一价值就是盛产肉豆蔻。因此,当时的新阿姆斯特丹(New Amsterdam)更名为"新约克"(New York),即现在的纽约。此事在今天看来实在不可思议,而在当时,Run岛的价值远远高于曼哈顿岛。

但是,英国并未束手坐视VOC的成功。1600年以后,也开始每年派遣船队,经由好望角驶向盛产胡椒的印度、爪哇、苏门答腊等地区。1611年的第十次航海一举创造了148%的利润。从1612年开始,英国也效法荷兰,改变了以单次航

㊀ 位于南太平洋西部班达海,属印度尼西亚马鲁古省。——译者注

海为期进行投资结算的方式,将投资范围扩展到多次航海。而且每回航行,都会进行多次股票发售,扩大了公司的规模。

如此,英国东印度公司逐渐接近永久性资本制度,于是召开股东大会,选举产生了24名董事。总裁和副总裁通过会计、收购、通信、船舶、财政、仓库、私人贸易等7个专门委员会开展业务。各地的驻外负责人被称为factor(代理人),由大股东的子弟担任,接受董事会的严格管理。现代大企业的组织架构已初现雏形。

1662年,英国东印度公司开始实行股东有限责任制。1680年支付了50%的分红,在1662年投资的股东如果于1688年卖出股票,可获得1200%的收益。在当时的英国,东印度公司的员工和股东,几乎就是暴发户的代名词。

然而遗憾的是,英国东印度公司在1690年以前的股价记录几乎没有被保存下来。虽然发行了股票,但是交易并不活跃。因为当时英国还没有证券交易所,股票交易罕见。

另外,荷兰东印度公司在1632年实现了12.5%的分红,从1652年到1688年,获得了680%的投资收益。其间发生的著名的"郁金香泡沫"事件[⊖]也未对VOC造成影响。虽然不敌英国东印度公司的发展速度,但是荷兰东印度公司一直在稳步成长。

⊖ 指17世纪荷兰的郁金香在鲜花交易市场上价格飞涨、郁金香球茎供不应求的投机事件,是人类历史上第一次有记载的金融泡沫。——译者注

第二十六回

交易所的历史

前文提到,如果说现代股份有限公司的鼻祖是荷兰东印度公司,那么进行 VOC 股票交易的阿姆斯特丹证券交易所,就应该是证券交易所之发端。

在中世纪欧洲,12 世纪前后,波罗的海、佛兰德斯地区与地中海地区的贸易十分兴盛,开始出现了诸如法国的香槟㊀集市这样的大型交易市场。虽然定期开市,但并未成为常设市场。为了方便来自欧洲各地的商人,意大利的银行和商人便开始利用汇票进行异地远程结算。市场上也出现了

㊀ 此处的"香槟"是地名,指法国巴黎以东的香槟地区。——译者注

办理汇兑和货币兑换业务的金融业店铺，票据交易逐步发展起来。

过去，交易市场的开放场所定期变更，后来场所固定下来，成为常设市场，并逐渐发展为商都。其中，位于今天比利时境内的"运河之都"布鲁日，被誉为"北方的威尼斯"。14世纪，该地区成为意大利与汉萨同盟各城市往来交易的中心，繁荣兴旺。在与意大利商人相关的书籍中，布鲁日是出现频率最高的外国地名。

在欧洲，伦敦以外的地区均称证券交易所为"bourse"。该词来源于布鲁日的商人旅馆"bourse旅馆"，商人聚集在这里进行包括金融商品在内的各种交易。当然，虽说是金融商品，此时也仅限于汇票和硬币，交易的主要对象仍然是日用品。

后来，淤积的泥沙掩埋了布鲁日的运河，哈布斯堡王朝的马克西米利安一世夺取了该地区的自治权。商人们纷纷迁移至安特卫普。于是，进入16世纪，安特卫普成为欧洲北部最为繁荣的都市和商业网络的中心，正如现代的枢纽机场一样。商人来自欧洲全境，在此修建的商馆和仓库鳞次栉比，里斯本出发的货船满载亚洲的胡椒而来。特别在当时，欧洲各王室经常需要筹集战争经费，便以安特卫普作为金融中心，这极大地促进了该地区的繁荣。

但是，1585年西班牙军队占领了安特卫普，要求当地的新教徒在两年之内撤出该地区。估计犹太人也面临着同样的处境。于是，商人群起搬入了阿姆斯特丹，金融中心也在突然间发生了转移。当时对于商人来说，自治权就意味着财产权。商业中心以及宗教信仰，都需要自由的环境。因此产生了金融中心从布鲁日到安特卫普，又到阿姆斯特丹的迁移。突如其来一个命令，就必须舍弃家业被迫离开，这样的城市商人无法安居乐业，也不会有发达的市场。

因提出"劣币驱逐良币"即格雷欣法则而闻名于世的英国王室金融代理人托马斯·格雷欣，以安特卫普的交易所为参考，在伦敦建立了经营汇兑和日用品的交易所。这家交易所后于1571年获得英国女王的谕旨，成为皇家交易所（The Royal Exchange）。

在英国，整个17世纪，股票经纪人因其行止不端一直不被许可进入皇家交易所，他们的聚集地最初是在交易所外的大街上，之后转移到附近的咖啡馆。这就是著名的乔纳森咖啡馆。该咖啡馆于1748年发生火灾，之后重建的新乔纳森咖啡馆于1773年被命名为伦敦证券交易所（LSE）。这家颇有历史渊源的伦敦证券交易所（LSE），比VOC的阿姆斯特丹证券交易所迟来了171年。

17世纪初期，阿姆斯特丹和伦敦的资本实力不可同日而语，这在上文介绍两国东印度公司资本金时已有论述。1609年，荷兰东印度公司模仿热那亚的圣乔治银行，建立了世界上第一家公立银行——阿姆斯特丹银行，开展汇兑和转账业务。阿姆斯特丹银行成为全欧洲商人进行交易结算的中心。1610年，为了进行荷兰东印度公司的股票交易，又开设了世界上第一家证券交易所。

在阿姆斯特丹证券交易所，所有类型的金融商品均可以进行交易，包括商品、汇票、股票、海上保险，甚至还有期货交易。特别是荷兰名产盐渍鲱鱼，在渔获期到来之前就已经开始了交易，可谓期货交易的起源。股票交易可以以时价的80%为限额进行贷款，也可以进行信用交易，期权交易也已经存在。1612年，荷兰政府仓促决定禁止空头交易、期货交易以及期权交易，之后也屡次发布禁令。或许，这恰恰印证了这些禁令并没有被严格地遵守执行。当然，这只是笔者的臆断，并无确凿证据。而日本平户的荷兰商馆开设于1609年，另据文献考证，日本于1620年开始了最早的大米期权交易，这二者之间可能存在着一定的关联。另外，大阪堂岛的大米期货交易想来也与此有关。

第二十七回

郁金香泡沫、加尔文派与贪欲

虽然笔者在标题中使用了"郁金香泡沫"（Tulip Bubble）这个词，但实际上这种提法并不严谨。顺带一提，倒是有"bulb"这个词，含义是郁金香的球茎。

之所以说不严谨，是因为"泡沫"一词是1720年"南海泡沫"事件之后才开始使用的。因此，17世纪发生在荷兰的郁金香球茎价格飞涨事件，一般也被称为"郁金香狂热"（Tulip Mania）。

虽说如此，郁金香狂热至今都被认定为世界三大金融泡沫事件之一。虽然随着时代的发展，出现了更多应该列入史册的泡沫事件，但是在过去，恐怕人们并未预料到泡沫事件会如此反复地发生。

荷兰摆脱西班牙的统治，实现独立，是在1648年天主教和新教之间的宗教战争结束并签订《威斯特伐利亚和约》之后。但实际上在16世纪末，西班牙对于荷兰的威胁已经不复存在。东印度公司经营顺利，从欧洲各地区获得了大量的投资，拥有信用交易、期货、期权等丰富的投资产品。而且，此时的荷兰正在积极筹划利用运河水道联结主要城市，不动产价格也在持续攀升。总之，阿姆斯特丹的经济正处于繁荣的顶点。

另外，荷兰人原本就喜欢高价购买稀有品种的郁金香球茎。在上述种种条件俱备的背景下，进入17世纪30年代后，球茎价格持续走高，最终出现了异乎寻常的疯狂热潮。

球茎价格飞涨时期的情况留有详细记载。从1636年11、12月到1637年1、2月间，球茎价格持续上涨，2月3日达到最高值，之后急剧下跌。这是泡沫事件的典型表现，市场突然失去了买方。郁金香狂热可谓泡沫事件的经典案例，不负"鼻祖"之名。以此为背景的很多悲喜故事流传后世，比如花费可以购置房产的高价买来的郁金香球茎却被当作洋葱误食等。

价格上涨的时期正是球茎在土里生长的时节，即在无法交割的期间价格猛涨。而交易方式为期货交易，结算采用差价合约，且在交割时可以使用个人票据。另外，交易并非在正式的交易所进行，也并不仅限于阿姆斯特丹或鹿特丹，各地的酒馆都成了交易场所。

球茎价格暴跌的原因很简单，进入 3 月份之后，即将进行球茎的现货交割。参与球茎买卖的人们逐渐从狂热中清醒过来，回归现实。人们意识到，与郁金香的球茎相比，他们更需要的是金钱。

笔者手边有 5 本书记载了郁金香泡沫事件。分别是：堪称经典古籍的查尔斯·麦基所著《大癫狂：非同寻常的大众幻想与群众性癫狂》(Extraordinary Popular Delusions and the Madness of Crowds)、经济学家约翰·肯尼斯·加尔布雷斯的《金融狂潮简史》(A Short History of Financial Euphoria)、经济史学家爱德华·钱塞勒的《金融投机史》(Devil Take the Hindmost: A History of Financial Speculation)[一]、经济史学家查尔斯 P. 金德尔伯格的《疯狂、惊恐和崩溃：金融危机史》(Manias, Panics and Crashes: A History of Financial Crises)，以及就职于金融机构的经济学家彼得·加伯的 Famous First Bubbles。

这 5 本书所参考的史料，基本都出自查尔斯·麦基的《大癫狂：非同寻常的大众幻想与群众性癫狂》。关于交易所的叙述也来源于麦基的记述。

经济学家彼得·加伯（Peter Garber）在 1987 年黑色星期一全球股市暴跌之后，从价格层面重新解读了郁金香泡沫事件，认为球茎的价格提升是合理的，并不是异常事件。对

[一] 此书已由机械工业出版社出版。

此,钱塞勒评价道:

> "加伯意欲改写郁金香狂热的历史,抱有特殊的动机。其论文发表于1987年10月的股市震荡之后,目的是阻止股指期货限制方案的实施。"

金德尔伯格也对加伯做出了同样的评价。

然而,笔者对加伯却略感惋惜。至少由于加伯的论断,郁金香狂热没有被夸张成为对经济基础(景气、萧条等经济活动)产生重大消极影响的事件。

被泡沫蒙蔽并受其摆布的是支持宗教改革的改革派,是那些质朴、节俭的加尔文派荷兰人。与反对英国腐朽教会的清教徒相同,加尔文派反抗的是西班牙、天主教这些旧势力。

加尔文派信奉先定论,认为职业是神赐之使命,因此认为努力劳动积累财富并非罪过。这也是马克斯·韦伯(Max Weber)倡导的新教教义。与天主教不同,新教教义认为赚取利息收入和中介费用的商人也会受上帝祝福。同时,作为一个天主教国家,奢侈浪费被视为罪过,因此荷兰积蓄了丰厚的财富。

值得玩味的是,荷兰在摆脱了西班牙的统治,同时也是挣脱了以天主教为象征的中世纪基督教的束缚之后,立刻便发生了利欲熏心的泡沫经济事件。但是毋庸置疑,如果没有经济的繁荣,泡沫也无从产生。

第七章

国债和保险的诞生

第二十八回

国债的诞生
——财政制度的大变革

美国历史学家麦克尼尔在其著作《世界史》中谈道，1688年后英国成功实现议会政治，应归功于"内阁制"以及全新的"贷款制度"——国债的发明。那么这里所谓"国债的发明"指的是什么？此前国债这一制度是否存在？另外，在学校教育中，我们了解到，1688年是英国爆发光荣革命的一年，这场革命究竟给英国带来了怎样的变化呢？

中世纪以前，国王将平时征收的税款用于政府的经常性开支，一般来说，日常收入通常全部用来支出，因而王室没有存款积蓄，一旦爆发战争只能靠借款筹集军费。然而，由于平时收入有限，偿还军费借款的时候，只能使用战争中掠夺的财物或者对方的战败赔款。因此，如果战争双方未分胜负，或者虽然获胜却未能获得实际赔偿，就会出现拖欠债务（不履行债务）的情况。考虑到这一风险，借款方在借款给王室时，索取的利息会高于为商人融资的利息。

此外，借款方还会要求国王转让租税的征收权作为担保，然而当时法庭由王权控制，国王拖欠还款，甚至赖账不还的现象屡见不鲜。在前文有关"银行的起源"的论述中曾提到，伦敦的"金匠"银行家们在购买政府发行的"还款凭证"（国债的前身）后纷纷破产，连富格尔家族等中世纪有名的富豪债主，也几乎无一例外地因为贷款给王室而破产。

而意大利的城邦国家则拥有另外一套体制：政府在日常收支之外，另设基金和财团来筹措特别支出，将相应的征税权转交给这些相关机构用于债务偿还，并要求其发行投资证券。该体制明确了债务与还款资金来源（税收）之间的相互关系，在今天看来已具备"目的税"的性质。其实，如此明确的资金运营方式对于现代政府来说也是心有余而力不足。正如新闻报道中所提到的，2011年东日本大地震发生后，赈灾预算的资金究竟被用于何处，一直不够明朗。

1344年，威尼斯的民间银行——里阿尔托银行破产，资产家们出于危机感纷纷从银行里取出存款，转而购买威尼斯共和国发行的国债。结果导致威尼斯的国债价格上升至其面额的102%。这恐怕是世界首例金融市场上的"安全投资转移"（flight to quality：在民营银行存款、民营企业股票、公司债券等信用不明朗的情况下，投资者将资金转移到最安全的国债）。而威尼斯实现繁荣的秘诀，似乎就在于健全财政制度的思想理念。这种确保还款资金来源的方式被荷兰的金融业界继承，随后传到英国，在光荣革命时作为制度正式确立下来。

1688年，英国爆发光荣革命，次年颁布的《权利法案》是此次革命的重要成果。据山川出版社《详说世界史研究》记载，法案第一条规定："凡未经议会同意，以国王权威停止法律效力或停止法律实施之僭越权力，为非法权力。"这规定了法律实施必须获得议会的批准。略过第二、三条来看第四条："凡未经国会准许，借口国王特权，为国王而征收，或供国王使用而征收金钱，超出国会准许之时限或方式者，皆为非法。"这意味着国王的征税权被议会夺取。《权利法案》的颁布使得一直以来由国王掌握的主权（sovereignty）被移交至议会，从此国王再无可能随心所欲地借款了。

由于议会担负起偿还国家债务的责任，过去以国王私人名义借入的债务也成了国家公债。1692年，英国确立了第一部与国债相关的法律，标志着国债的诞生。可以说，光荣革命也是英国财政制度的一次大变革。

根据1692年颁布的法律规定，英国政府最早发行的长期国债属于"唐提式"（tontine），即"联合年金制"。从投资者角度来看，该国债具备年金的性质。如果国债持有人死亡，原本应该支付给该投资者的本金将分发给仍然在世的其他国债持有人。这意味着如果某位国债持有人提前离世，其余持有人将获得更为丰厚的本金。然而这种国债并不是很有人气。于是，英国政府又推出了一种利率为14%的"终身年金型国债"，据说颇受青睐。或许，相比收益不确定的投资，人们更愿意购买能够获得14%稳定利息的产品。

1694年，一种名为"Million Adventure"，具有彩票性质的国债广受欢迎。在投资者看来，购买这种国债，即使没有"中彩"，16年的持有期结束后也能获得10%的利息。而对于发行方来说，包括支付给中彩者的利息在内，实际需支付的利率仅为11.5%，与利率为14%的终身年金型国债相比，发行成本更低。此后，英国政府垄断了该国债的发行权。在日本，民间发行彩票也被《刑法》认定为犯罪行为。如果未来国债销售遇冷，日本政府也可能会参照英国的成功模式，发行具有彩票性质的国债。

第二十九回

财产损失保险的诞生
——劳埃德咖啡馆

具有财产损失保险性质的商品或服务自古就有,探究其最初的源头并非易事。财产损失保险的原型甚至可以追溯到《汉谟拉比法典》。此外,在美索不达米亚平原的泥板中,也能找到很多记录行商旅途赔偿的合同。前文提到,古希腊时期曾出现过一种名为"冒险借贷"的借贷交易和投资项目,其性质类似于海上保险。在中世纪基督教禁止征收利息的时期,这种冒险借贷仅仅是一种保险形式,尽量回避"利息"这一概念。

此外,盐野七生在《海都物语》中指出,威尼斯的商人一般不为海上运输投保。的确,在莎士比亚的代表作《威尼斯商人》中，主人公安东尼奥将商船的行驶目的地分散开来以降低风险，但并没有关于投保的叙述。但另一方面，有记载表明，前文提到的达蒂尼书信中的普拉托商人，在贸易中就非常注意投保。

在英国，1601年哲学家弗朗西斯·培根（Francis Bacon）向议会提交了一份规约海上保险的法案，其中有如下表述："不觉间，海上保险已在我国，乃至世界各国的商人中普及。"可知，海上保险此时已经十分常见。现存最早的财产损失保险证明书，出现在达蒂尼书信中，是1383年意大利比萨地区发行的证券。

下面换个话题，咖啡是公元700年前后在埃塞俄比亚地区发现的。据传15世纪时，伊斯兰教徒开始在也门的摩卡种植咖啡。日本歌手西田佐知子以及双胞胎姐妹组合"The Peanuts"都曾经演唱过，最近又由井上阳水翻唱的歌曲《咖啡伦巴》，就描述了一位阿拉伯高人教人种植咖啡的故事。而在1500年，咖啡馆在吉达城内流行，盛况堪比现在的"咖啡之都"——西雅图。

1511年，麦加城开始禁止咖啡。然而纵观历史长河，禁止恰恰意味着流行。1555年，君士坦丁堡咖啡馆的数量已经达到数百家，同时，咖啡也以惊人的速度经由威尼斯传入了基督教世界。

1605年，罗马教皇推崇咖啡为基督教徒的饮品（为咖啡洗礼），之后咖啡迅速在欧洲传播开来。据称巴黎的普罗柯布咖啡馆于1686年开业，至今仍保留着当年的气息。

读者可能会感到不解，原本是财产损失保险的话题，却为何讲述了这些咖啡的历史。其实笔者想说的是，在普罗柯布咖啡馆开业后的第2年，即1687年，爱德华·劳埃德在伦敦开设了24小时营业的劳埃德咖啡馆。

也门出产的咖啡，大多经由英国东印度公司销往了伦敦。英国人开始饮用红茶是之后的事情了。

当时，报纸等大众传媒尚不发达，于是劳埃德咖啡馆就成了水手、船主以及投资家交换信息的地方。1696年《劳埃德新闻》开始发行，主要刊载航线信息、船舶出入港、船舶买卖及建造信息，还有来自劳埃德海外特派员的信息。此外，这家咖啡馆也成为买卖海上保险的交易场所。

投资者（保险的承保人）在记载保险合同条款的文件上签名承保，就可以获得相应的保险金分成。然而，一旦出现财产损失，则须承担无限责任。在现代社会，投资者听到"无限责任"都会迟疑退缩，但在当时，一般的股份制公司皆为无限责任制，保险的无限责任也就不足为奇了。

1771年，79位承保人每人出资100英镑成立了劳埃德合作社，100年后的1871年，该协会依照《劳埃德法案》注册获得了法人资格，并逐渐发展为现在的"劳合社"

(Society of Lloyd's）。今天的"劳合社",具有社团法人和保险交易所的双重性质。

16世纪前后,日本的朱印船实行"抛金"制度。每次航海之际,金融业者就会放贷给船队,航海顺利结束便收回本金和利息。但是如果航船遇难,则本息皆无。这与从古希腊时代到中世纪欧洲流行的冒险借贷如出一辙,不知是否与古希腊的"冒险借贷"有一定的渊源。

第三十回

多样化的生命保险起源

在银行或证券公司的官方网站上,一般不会登载关于金融或股票起源的介绍。但是保险公司的官网上,无论财产保险或是生命保险,关于保险的历史说明比比皆是。或许这是因为,保险仅是金融的一种形态,论述一个狭小且确定的主题相对简单。但是,即使是生命保险,所涉种类也是极为丰富的。有死亡保险,也有储蓄性质的年金保险、定期寿险,以及具有投资理财性质的投资连结保险(在可选定理财方式的投资产品中加入生命保险)等。

在"国债的诞生"一节中,我们了解到,终身年金型的公债仅在被保险人的生存期间支付利息,因此历史书中多称其为年金，而非债券。从消费者的角度来看，它与现代版的年金型生命保险非常接近。记载荷兰郁金香泡沫事件的书中写道："连老年人都卖掉了自己的年金购买郁金香的球茎"。这里的年金指的就是年金型的公债。此外，欧洲的手工业者协会在行会内部实施的相互帮扶的制度，也可以说是生命保险的前身。日本知名保险公司"lifenet生命"的总裁出口治明先生，在其著作《生命保险入门》中指出：西洋史观一切皆从古罗马寻求起源，而实际上，在伊斯兰世界以及中国也存在着共济的思想和制度，在日本，也有各种形式的互助组织，即"讲"（互助会）。

可见，生命保险的起源是多种多样的。保险研究的学者、一桥大学名誉教授木村荣一教授研究发现，世界上最早的海上保险证明书来自于意大利的比萨地区，发行于1383年。而据悉在1401年，曾出现过将奴隶的生命作为投保对象的保险，但是保险合同的撰文方式与上述的海上保险相同，也就是说，作为投保对象的奴隶是被视为物品，而不是人。因此，此类保险还并不能属于生命保险。

另外，现存文件中，有一份关于1422年佛罗伦萨地区让渡保险费索取权的相关文书，所涉保险将他人的性命作为投保对象。此文书虽然不是保险证明书，但却是以签订生命保险合同作为前提而撰写的。据此推断，这大概是世界上最早的生命保险。顺带一提，研究这份文书的主要目的并不是为了发现最早的合同,而是为了探究意大利生命保险的兴起。特此说明。

在16世纪,以他人生命作为对象的投保行为非常盛行,特别是与签订保险合同的当事人毫无关系的名人——例如现在意义上的明星,还有王侯贵族。由于此类行为的性质更像是以他人性命作为赌注进行的赌博行为,而非保险,因而遭到了禁止。如果保险受益人缺乏信誉的话,保险对象还可能面临着被谋杀的生命危险。这样的保险或将成为谋杀事件的起因。

在现代的生命保险公司中,由专业的精算师(actuary)计算复杂的保险费用。而计算依据就是人口寿命的统计数据,即生命表。一般认为,采用这种统计数据来进行计算是现代生命保险的起源。1662年,约翰·格朗特(John Graunt)基于伦敦的数据出版了《关于死亡率的自然观察与政治观察》。1693年,哈雷彗星的发现者爱德蒙·哈雷利用德国弗罗茨瓦夫(现波兰西里西亚地区)的详细数据,进行了统计分析,制作了生命表。这些数据不仅是计算生命保险的参考依据,还有其他作用,根据死亡人数可以察知鼠疫的爆发,政府掌握兵役适龄青年的人口数量,还可以推测潜在兵力的规模。

创建于1762年的英国公平人寿保险公司(The Equitable Life Assurance Society)最先在这种数理基础上,采用了均衡保费的形式（无论青年期还是死亡风险增大的老龄期，月付保险费不变）。此后，生命保险公司相继成立。1843年，基于累积数据而制作的新型经验生命表——"英国17公司表"⊖发布，并沿用至今。由于生命保险是将人的寿命作为保险对象，因而，在投资领域，生命保险被认为是长线投资的主力项目。

⊖ 该表发布于1843年，收集了如公平、英国生命保险等17家公司在过去78年，共8万多份保单编制而成。——译者注

第八章

密西西比公司和南海公司

第三十一回

战争债务处理
——南海公司的股票募集

1672 年，英国国王查理二世违约拖欠债务，给巴克韦尔等金匠银行家巨头造成沉重打击，而未与政府债券发生瓜葛的小型银行业者，仍然继续接受金银存储并发行存款收据。使用存款收据，可以不必搬运沉重的金银，扩大了资金结算的市场（汇票结算市场）。持收到的存款收据去金匠店，就可以兑换到金银。于是，早在 17 世纪 90 年代，汇票（存款收据）的余额就超过了国内货币（硬币）的供给量，这就是英国的纸币起源。而且，这一时期，英国的东印度公司已经获得了相当高的回扣（投资收益）。与债务缠身的政府相比，民间经济充满活力。各种交易推动了社会发展；在海盗船长德雷克的努力（利欲）和重商主义的背景下，从新大陆输入西班牙的白银开始流入英国并且积累下来。1688年的光荣革命，是在繁荣时期爆发的革命，史上罕有。

在乔纳森咖啡馆，以东印度公司为中心的股票交易日益活跃。1687年，威廉·菲利普斯船长在加勒比海域从西班牙沉船上打捞出32吨白银和宝石。对于投资团体来说，这是一桩大生意。人们在进行分红时发现，出资者获得的红利高达投资金额的100倍之多。这个巨大的成功极大鼓舞了伦敦的投资家。之后，大量风险公司（赚钱的买卖）相继成立，并开始发售股票。

或许是期待着再次发现沉船宝物，抱着投机心态成立的潜水用具公司就多达十余家。当然其中也不乏一些不太可靠的公司，仅仅意在聚拢资金，这一点古往今来并无二致。在乔纳森咖啡馆，投资者不仅进行着股票的现货交易，还存在着期权及信用交易。

1689年法国国王路易十四（这是一位热衷于战争的国王）向新任英国国王奥兰治亲王威廉发起了战争（大同盟战争）。但是英国的股票市场非但没有暴跌，相反，由于政府采取了禁止进口法国商品的措施，经营国产代用品的投机公司纷纷成立。虽然英国政府背负了沉重的战争债务，可是民间资金充盈。如果英国也和法国一样是严格的专制国家，便不会产生上述状况。当然，在专制国家，投机公司的成立风潮也不会出现。

在这样的背景之下，1694年，为了缓解英国政府的财政困难，筹措资金的相关法案出台，并随之诞生了一家股份制银行。银行将120万英镑以8%的利息融资给政府，政府则允许其发行纸币（盖章票据）。这一创意源于金匠的交易方式，即根据投资者支付的金银发行相应的纸币，并贷款给政府。这家银行就是"英格兰银行"（Bank of England, BOE）。BOE在募股中成功聚合了1272位投资者，以金银的形式投入的资金变为崭新的纸币，并融资给了政府。BOE的股票在抛售后不久就上涨了20个百分点。

但是，17世纪90年代的这一波股票热潮，由于英国政府难以支撑战争经费而进行的货币改铸（降低硬币中所含金银的比例）终告平息。此时使用纸币的环境尚不成熟。优质货币被囤积起来，货币在市面上难以充分流通。如果手上持有面值相同的良币和劣币，人们都不会选择使用优质的良币，而是将其储于高阁。这一时期的动荡使得股份有限公司的数量从1693年的140家骤减到1697年的40家。可以说，这也为南海泡沫事件埋下了隐患。

大同盟战争和之后的西班牙王位继承战争（1701—1714年）给英国政府带来了沉重的债务负担，为了减轻这一重负，1711年南海公司开始募股。南海公司和东印度公司一样，是从事贸易业务的特许公司，成立的主要目的是垄断与南美的奴隶贸易，但同时，也意在处理英国政府积累下来的庞大债务。在政府债务中，有一类信用度最低的、难以确保偿还融资的流动负债（unfunded debt）。对于这部分国债的持有者，南海公司提出用公司股票与债券按其面值（其时债券价值已经大幅下跌）进行兑换，共计认购了1000万英镑的流动债务。投资者考虑到能够恢复债券面值已别无他求，于是接受了南海公司的募股。这相当于今天的债换股交易（Debt Equity Swap：将无法偿还的债务转换为股权分给债权人，从而减轻债务人偿还负担的一种方法），也就是将债务转换为股权进行转让。

根据事先和英国政府的约定，南海公司换取的这些债券（流动债务），从还本付息的短期债务转变为只需支付利息的长期债务，公司每年从英国政府获取年利率为6%的利息。这是将短期债务转变为长期债务，暂时搁置本金偿还的一种方式。于是，政府每年需要偿还的债务减少，国债持有者的债券虽然被换成了股票，好在是按照债券的面值进行兑换的。但另一方面，南海公司的资本却换成了无法变卖的长期国债，公司收入只有每年从政府那里获得的6%的国债利息。虽然南海公司垄断了与南美洲的奴隶贸易，但是南美洲原本就是西班牙和葡萄牙的领地，英国的特许公司根本不可能在此进行自由贸易。

第三十二回

约翰·劳收购密西西比公司

苏格兰的约翰·劳是一位野心家,他观察分析了伦敦金匠的汇票交易和英格兰银行(BOE)纸币发行的过程,认为,市面的货币流通量已经不再受到金、银数量的限制,如果能够利用纸币来增加货币的流通量,经济形势就会大为好转。于是,他提议在苏格兰开设发行纸币的银行,但这个提议却遭到驳回。约翰·劳敏锐地认识到,货币的真正价值并不在于金银的本身价值,而是在于对其购买力的信任。在他看来,只要拥有了信用,纸片完全可以充当货币使用。他还认为,如果自己参与发行纸币的业务,一定能复苏经济,并且还能大赚一笔。

此后，约翰·劳遍游欧洲，向意大利萨沃伊公爵提出了同样的建议，但是遭到拒绝。1715年，长年战乱、财政拮据的法国路易十四王室接受了他的游说，纸币发行银行的设立计划开始付诸实施。

英法两国政府的打算，都是利用特许公司发行的股票，来减轻沉重的战争债务负担。具体方式就是，将等额本息还款的短期债务，暂且转变为收益率比较低，且不需偿还本金的长期债务，从而降低财政支出。同时，虽然短期国债的债券价值已经下跌，但是其持有人可以用面值价格兑换特许公司的股份。

1716年，约翰·劳获得特许组建纸币发行银行——通用银行。劳计划通过纸币的发行，减轻政府债务负担，同时，挽救由于硬币不足以及通货膨胀而陷入困境的法国经济。两年后，通用银行改组为皇家银行，发行可以兑换黄金的纸币。同时，政府下令，全体国民必须以纸币纳税。即使拥有金币，也要先兑换为纸币后再纳税。于是，纸币开始在市场上流通，法国经济形势也得到了恢复。

进而，约翰·劳希望，拥有纸币发行权的中央银行，能够兼作投资机构，拥有投资媒介功能。举例来说，就是兼具英格兰银行与英国东印度公司的权能，约翰·劳认为，这一定是最强大的金融机构。这个想法听上去好像是今天发生在华尔街的故事，比如让银行与对冲基金合体。

在专营北美地区开发的密西西比公司成立之时，劳同时承担了王室的债务，作为回报，王室赋予他诸多特权。起初，密西西比公司与英国的南海公司一样，要求以公司股票向国债持有人换取国债。之后，随着股票发行金额的增加，公司开始进行运作操纵。公司首先支付纸币给政府，用来向国民偿还国债，然后再通过公司募股的方式，将这部分纸币从国民手中吸收回笼。于是，市场上纸币充溢。另外，在此过程中，密西西比公司需要募集股票买主。为此，公司采用了各种手段，例如法国贸易权限的集中、实施高股息收益率（之后再逐步降低）、向现有股东打折出售股票、股票担保融资、10次分期付款购买股票，等等。当然，百般游说也是免不了的，比如描绘公司的辉煌前景，口头承诺股价上涨等。

1719年，密西西比公司向王室提供了12亿里弗尔⊖的贷款，作为回报，王室将征税业务也交由密西西比公司管理。换言之，王室的负债由密西西比公司独家承担，而还款来源的税收及贸易利润，也全权由密西西比公司统一掌控。如果能够保持合理的货币发行量，密西西比公司经营圆满成功，原本是不应该出现问题的。

投资家对于密西西比公司的热情日益高涨，新发行的股票供不应求，甚至到了没有约翰·劳的人脉关系则一股难求

⊖ 里弗尔是法国古代货币单位名称。——译者注

的程度。大批贵族和资产家聚集在他的住所周围，希望面见他并请求将自己的名字列入下期股票购买者的名单。甚至有3万位投资家从英国来到巴黎进行投机。资金从整个欧洲汇集至密西西比公司。1719年6月的股价为550里弗尔，7月涨至1000里弗尔，9月涨至5000里弗尔，到了12月，更是飙升至1万里弗尔。人们疯狂投资的理由很简单：虽然并不清楚密西西比公司的业务状况，但是股价上涨说明业绩一定不会差；物美则众人求之，因此股价才会上涨。

掌握了纸币发行权的约翰·劳，在以上涨的时价发售股票的同时，同步发行纸币交给政府作为偿还债务的资金，增加了货币的流通量。这已不再是金本位制，而是"股票本位制"。因此形成了这样一种循环——通货增多，用其购买股票，致使通货进一步增多。通货的发行量在1718年为1800万里弗尔，到了1720年4月，猛增至16亿里弗尔。这个时代产生了很多源于法语的新词，例如企业家（entrepreneur）、百万富翁（millionnaire）等。[17]

1720年初，对于难以入手的密西西比公司股票心生嫌怨的投资家开始卖出手里的股票，引发了抛售热潮。和股价上涨时的原理一样，有人卖出，股价就会下跌，因为下跌，就会有更多的人匆忙卖出股票。当初，约翰·劳洞察到，货币的成立是基于信用这个共同幻想，那么，密西西比公司股票的热潮则是基于货币与股票的双重幻想。以前，投资家使用以金币换来的纸币购得股票时，会喜不自胜，然而此时，他们卖出了股票，并开始厌恶这种与公司相互瓜葛的银行发行的纸币。人们涌入银行，要求换回金币。

当时，欧洲的货币跨境门槛已经相当低了。投资家开始把资金转移到更为安全的伦敦和阿姆斯特丹。他们需要将劳印刷的纸币换回金币，再兑换英镑以及荷兰盾。一时间，曾经贵比黄金、求之不得的密西西比公司股票和依托于股票而发行的纸币完全失去了市场。密西西比公司于当年夏天宣告破产，约翰·劳也于年末逃亡海外，苟全性命。

约翰·劳并不是诈骗师。证据便是，他将自己赚到的钱全部投资于法国境内的不动产及其他资产，没有将一分钱转移到国外。

第三十三回

破灭的英法泡沫经济
——资本积累的明与暗

截至1719年9月,英国政府发行的长期债务总额约为5000万英镑。其中,英格兰银行持有330万英镑,东印度公司持有320万英镑,南海公司于1711年接收了1100万英镑,其余的3250万英镑分散于资本市场之中。[18]

由于南海公司的业务范围主要在南美,而南美又是西班牙和葡萄牙的领地,因此经营业绩并不理想。一位名叫约翰·布兰特的公司董事注意到了法国密西西比公司的成功。当时,法国密西西比公司的股票行情如日中天,整个欧洲都陷入了投机热潮。想效法密西西比公司大赚一笔,这也是人之常情。

1720年1月21日，南海公司仿效法国密西西比公司，宣布将全部接收市面上流通的3250万英镑国债（年金债券），于是，公司股票价格急剧上涨。所谓"接收"，其实就是以国债换股票。此时，英国正在和西班牙交涉直布罗陀的领属问题，如果成功，就有可能拥有在南美的利权[19]，这也对金融市场产生了一定的影响。投资家看到当时密西西比公司鼎盛时期的辉煌，怀揣期待购买了南海公司的股票。但是，约翰·布兰特在实施债换股的过程中，附加了一个极其狡猾的条件。股票的发行只需在最初小有人气即可，南海公司便争取到了特权，以"时价"来发行与兑换国债"面值相同的股票"。

表述略显复杂，举例来说，当股票面值是100英镑，股价也是100英镑时，用1000英镑的国债兑换股票，国债持有人可以获得10股。但是，当股价上涨到1000英镑时，1000英镑的国债持有人只能换得1股。由于是以国债的面值与股票的时价来进行兑换，所以会出现上述情况。

另一方面，南海公司可以发行与所换国债面值相当的股票，因此，如果股价为100英镑时剩余股为0股，但是当股价上涨到1000英镑时，就会有9股剩余股留归公司。剩余股在售出后不算入公司的资本金，而是成为公司的利润。算入资本金的是购入的国债。因此，南海公司在股价上涨时，只要发行股票，就能获得相应的利润。

极具讽刺意味的是,当法国密西西比公司为股价暴跌而焦头烂额时,由于法国国内的资金大量转入英国,南海公司的股价急速上扬,英国掀起了炒股狂潮。成立公司的申请剧增,股票经纪商簇拥在交易所门外的大街上。当时的状况是,只要成立公司,不论做什么都能赚钱。约翰·布兰特担心类似的公司大量出现,会导致资金供不应求,便游说政府于1720年6月通过了《泡沫法案》(*The Bubble Act*)。他希望借此限制成立那些如泡沫般涌现的廉价公司。

"泡沫"这个词,在现代社会已是深入人心。以此冠名的《泡沫法案》规定:"拥有股东超过六人的企业,股东的有限责任特权只能由议会授予。"这样一来,在英国成立略有规模的公司,就需要花费庞大的费用和时间,而且,公司什么时候成立、能否成立都成了未知数。

此后100年,《泡沫法案》一直发挥效力,严重阻碍了英国公司制度的发展。此外,伦敦证券交易所的设立严重滞后,固然缘于南海事件导致的股票信用丧失,但此法案的存在也是一大原因。

《泡沫法案》通过后不久,约翰·布兰特的南海公司竟也成为泡沫。和密西西比公司一样,股价开始暴跌。对于政府来说,只要国家债务减少了就是好事,之后的事情与己无关。但是从结果上来看,投资家遭到资金损失之后,英格兰银行还是出面实施了少量救济。

南海公司成立的后援，是当时英国两大政党之一的托利党[一]。而英格兰银行的成立，则与托利党的对手辉格党[二]有关联。所以，南海公司与约翰·劳的密西西比公司不同，并未与银行成为利益共同体。约翰·劳的所为出于强烈的私欲和对于共同幻想的过分相信，而约翰·布兰特南海公司的股票发行，在某种意义上来说，是有意图的，可谓一场精心策划的诈骗。物理学家艾萨克·牛顿也在南海泡沫事件中损失了两万英镑，他感慨道："我可以算出天体的运行，却无法预测人类的疯狂。"其实，在此之前，牛顿已经出现了一个重大失误，足以令其在金融史而非物理学领域留名史册。这段故事，将在稍后提及。

南海事件之后，英国出现了对于股票的偏见。不过国债取代了股票，个人投资家持有的国债数量在增加，银行并未失去信誉。而在法国，投资家不仅不再信任股票，对银行也抱有怀疑。即使进入19世纪，这种心态的影响仍在持续发挥作用，与英国相比，法国的银行存款余额一直难以增长。英国记者、经济学家沃尔特·白芝浩在其名著《伦巴第街：货币市场记述》中指出，在工业革命的资本积累方面，法国与英国相距甚远。

[一] 产生于17世纪末，是英国保守党的前身。——译者注
[二] 产生于17世纪末，是英国自由党的前身。——译者注

第三十四回

梧桐树协议

英国因南海泡沫事件而动荡不安的时候，大西洋彼岸的美国仍处于英国的殖民统治之下，尚未出现证券交易所。1752年，曼哈顿终于出现了一家具有交易所性质的机构，但是仅进行奴隶和玉米的买卖交易。没有公司、没有国债公债。实际上，根本就没有可供交易的商品。

美国证券市场的诞生，是在独立战争（1775—1783年）时期。最初的交易商品，也是新联邦政府为了筹措战争经费而发行的债券。可见，证券的产生，皆源于战争经费的筹措。美国获得独立之后，18世纪90年代，新政府批准成立了295家特许公司，1792年3月开始了定期的股票交易。但是，当时的交易采用拍卖的方式，拍卖方的裁定过于强势，参与市场的经纪人（中间商）颇感不快。于是，同年5月17日，不满于现状的经纪人聚集在华尔街68号一棵梧桐树下，签订了排除拍卖方的协议。这就是《梧桐树协议》（Buttonwood Agreement），写有24位经纪人签名和住址的协议书，至今仍被完好地保存着。

这份协议书的历史意义在于，它标志着纽约诞生了第一个证券交易团体，这也是交易所的前身。团体成员仅在内部进行交易，同时规定，收取不少于交易额0.25%的委托手续费，即佣金。总体来说，该组织具有行会的性质，并非在国王或政府许可下成立的机构。虽然佣金的征收比率之后又有变动，但是，由于协议签订于5月份，所以当时制定的收费标准被称为"May Tariff"（五月价格表）。该价格表一直沿用至1975年5月，佣金实现自由化之后，才退出历史舞台。

从实务角度来看，直到20世纪80年代，美国股票交易的佣金都是以May Tariff为基准决定征收比率的。佣金尚未自由化的时代，日本委托交易美国股票的时候，直接采用了May Tariff的标准。当时，即使是在美国，人们也普遍认为，佣金自由化会导致证券公司面临经营困境。然而，佣金实现自由化之后，我们发现，虽然经纪业务收入占比下降了，但是美国证券业却迎来了极大的繁荣。在签订《梧桐树协议》的1792年，经纪人们将交易所从华尔街22号搬到了华尔街上的唐提咖啡馆（Tontine Coffee House）。

这一时期，虽然已经出现了联邦债和州债的交易，但是几乎没有股票买卖，经纪人仅靠证券业务无法维持生计，大多兼营彩票及其他产品。同英国一样，美国的公司制度也存在着无限责任的问题。虽然特许公司成立当初募集了一些愿意承担无限责任的投资者，但是发售股票时必须找到能够承担无限责任的资产家来购买，因而股票的买卖并不频繁。1812 年，第一家有限责任公司在纽约成立，而公司普遍采用有限责任制度，是在 19 世纪 50 年代前后。

1812 年美英战争爆发，为了筹措战争经费，政府发行了联邦债券。这一时期，股票交易最为兴盛的场所是在费城的栗树街，而非华尔街。1819 年，伊利运河开通，它通过哈德逊河将五大湖区和纽约连接起来。此后，谷物得以大量运输，纽约成为对欧洲出口贸易的港口，大量物资集散于此。1822 年，运河股票成为热门，英国也出现了对美投资热潮，华尔街成为交易投资的窗口。连英国的著名财阀巴林商会，也选择了一两位美国人作为合作伙伴，而其竞争对手、经营商人银行的罗斯柴尔德家族，则在 1853 年将代理人派到了美国。

交易所搬出唐提咖啡馆之后，频繁更换地点，今天的纽约证券交易所建于 1903 年，也是日俄战争的前一年。

第三十五回

大坂[一]堂岛大米会所

  1620年，在日本，导致丰臣氏灭亡的大坂夏之阵结束不过5年。在美国，搭载清教徒的五月花号从英国的普利茅斯港出发，抵达位于今天马萨诸塞州的普利茅斯，为北美大陆运来了第一批移民。在荷兰，东印度公司的股票交易和鲱鱼的期货交易都在进行，而郁金香只是植物爱好者的专属。虽然西班牙的商船早已往返于墨西哥和菲律宾之间，但澳洲大陆尚不为人知。在中国东北，努尔哈赤统一了女真族，开始与明朝对峙，但是清朝还未建立。这一时期，据记载，在世界的远东——日本，名古屋的旅馆出现了经双方当面协商

[一] 大坂是大阪的旧称。——译者注

而进行的期权交易——"延米交易"㊀。

用现在的期权交易来解释"延米交易",即支付12%的定金(期权费),加上名义本金额的3%作为利息负担,再加上1.2%的经纪人佣金。夏季签合同,第二年春季结算,以执行价格等于市场价格,即ATM(at the money:以合同签订时大米的市价作为基准)为前提的大米看涨期权。

简单说来,夏季按照时价支付大米货款的12%作为定金,第二年春季,如果大米市价上涨,则仍可按照前一年度大米的基准价格支付余款来换取大米;如果大米市价下跌,则放弃定金终止合同。不过,这一交易并不是在交易所的监管下进行,而是个人的当面交易,如果双方之间没有相互信任,交易便无法成立。因此,这种交易不可能推动市场的整体发展。但是,这种期权交易已经在日本出现并被记载下来,令人称奇。[20]

江户时代,各藩在大坂都设立了自己的仓库。仓库出售大米时,买家只需支付1/3的货款,便可拿到兑换大米的票据。30天之内持米票和余款即可领取大米。虽然米票只是定金的收据,但是可以自由买卖,实现了大米的证券化。而且使用米票,与同等金额的现货交易相比,可以换取到的大米是现货交易的3倍。

但是,有些买家过了30天期限也没有前来兑换米票,

㊀ 以延期付款的方式购买大米。——译者注

有的买家虽然付了全款却没有领取大米，从仓库的角度来看，相当于获得了无利息借款，所以卖家并没有意见。而且，仓库方面发现，如果算上运输中的大米，发行的米票（空头支票）略多于库存的大米量也是可行的。这与最早通过银行创造了信用的英国伦敦金匠的故事极为相似，只是米票并没有发展成为纸币。1654年，大坂奉行所㊀发布告示，要求各仓库不得发行超出库存大米数量的米票。

1660年和1663年的告示规定："严守30天的期限，禁止倒卖米票，禁止进行市场外交易。"由此可见，当时，米票的兑换期限延长了，而且已经形成了非官方认定的市场。

据推测，此后这个民间市场继续发展，便形成了当时淀屋商号门前的米票交易市场——"淀屋米市"。其建立者就是因淀屋桥而闻名的传说中的豪商淀屋常安。[21]

米票在最终结算时，需要交付大米。但是当时也出现了不伴随现货交付的交易，是一种单纯结算买入和卖出的差价（差额结算）的期货交易。对于这种依靠大米价格变动而进行纯粹差额结算的不实交易，大坂奉行所进行了多次取缔。据分析，其原因在于，这种交易本身与赌博性质相同，此外，它还导致了米价的上涨，使武士和百姓苦不堪言。

后来，由于噪音对附近造成严重干扰，交易地点从淀

㊀ 奉行所是日本平安时代至江户时代政府官员（奉行）的办公场所。——译者注

屋门前搬到了堂岛。给西国、九州的大名㊀提供高额贷款的淀屋常安，因奢侈和不实交易的罪名，1705年被没收财产，并被流放。于是，大名的高额贷款便一笔勾销。幕府的做法和中世纪欧洲的王侯贵族大同小异。

在不伴随现货交付的不实交易被禁止期间，堂岛在明面上只进行米票交易。不过1722年之后，幕府的态度开始转变。由于耕地面积增加，大米丰收，导致米价下跌，一直以大米交易为中心的武士经济出现了收入不足的问题。于是，幕府的态度发生了逆转，希望通过不实交易抬高米价。幕府认为只要增加期货交易，米价自然就会上涨。这种期货交易左右市场的论调，在20世纪90年代泡沫经济崩溃之后也出现过，不同的是，后来的主张是期货交易唱衰论，认为期货交易是导致市场行情下跌的罪魁祸首。看到幕府态度的转变，商人在恪守规则方面开始有所放松，而且积极采取行动，多方工作，以期获得幕府的承认。终于，1730年，期货交易——不伴随大米现货交付，仅进行差额结算的"大米账面交易"——得到幕府的认可（可以自由交易）。利用米票兑换大米的交易称为"大米现货交易"，四天结算，分春、夏、秋三期。后来，"大米账面交易"也采用了这种分期方式。

虽然此时，世界各地均已出现了期权交易和期货交易，

㊀ 大名，即日本的大封建领主。——译者注

但是大坂的堂岛大米会所拥有制度健全的市场，当属世界上最早的期货交易市场。

经济史学家高槻泰郎在其著作《近世大米市场的形成与发展》中指出：如果大米现货交易出现纠纷，代官所㊀会接受诉讼请求，而对于大米账面交易的纠纷却是不予理睬的。本来，各大名私设仓库的法律地位就不同于幕府特设仓库，建在普通街市，与寻常百姓为邻。因此，打官司时，也是以仓库代理商人的名义进行。期货交易市场上形成的"健全的制度"不能归功于幕府，而是参与大米交易的商人自发组织完善起来的。

在实行锁国政策的远东国家日本，竟然存在这样的"市场"，令人感到不可思议。明治维新时，福泽谕吉等人殚精竭虑创编与政治经济学相关的译语，而其实，市场方面的日语对应词已经相当齐全了。

㊀ 幕府直辖领地的官署。——译者注

第九章

从阿姆斯特丹到伦敦

第三十六回

苏格兰寡妇基金和统一公债

对于金融界特别是资产运营业务的相关人士来说,"苏格兰寡妇基金"这个名号非同一般,令人肃然起敬。伦敦可以说是现代金融业的发源地。而苏格兰的首都爱丁堡可以说是资产运营领域的圣地。当然,如今是金融理论研究的全盛期,金融中心是在美国。但是英国与"国内投资型"(国内拥有丰富的投资机会)的美国不同,由于拥有殖民地开发的传统,很早就开始了国际分散化投资。其运营手段发达完善,完全不辱"苏格兰遗孀们"的历史盛名。

18世纪初,苏格兰有两位著名的苏格兰国教会牧师——罗伯特·华莱士和亚历山大·韦伯斯特。二人都是爱酒之士，时常喝得酩酊大醉，醉酒之后尤其对他人的不幸难以释怀。看到牧师朋友不幸早亡，遗属家眷艰难度日，他们便会痛心不已。

二人不仅长于喝酒，还精通数学。他们想到一种牧师之间相互帮扶的保险模式。当时，现代生命保险的基础——哈雷生命表已经问世，他们参考生命表，将牧师的平均寿命和家庭构成进行了准确的统计。然后计算出每个牧师需要支付的年均保险费，收集的资金可以作为保险基金援助去世牧师的遗属，余额还可以进行资产运作。

1812年，"苏格兰牧师的寡妇年金"（Scottish Widows）吸收了一些其他年金，投保对象也从牧师扩大到一般民众，走向了企业化。这家历史悠久的保险公司存续至今，一直是资产运营业界的领袖，现在从属于劳埃德银行集团旗下，世界驰名。公司的宣传海报画的是一位与"需要援助"的形象相距甚远的美丽遗孀，魅力袭人。

那么在华莱士和韦伯斯特考虑基金的资产运营时，也就是18世纪中期，英国的证券市场处于何种状况呢？年金基金的运营，需要一些风险较低、相对稳定的资产类别（股票、债券等）。

当时，伦敦的证券业者大多是商人，他们一方面在皇家交易所做着买卖，时而又会出现在乔纳森咖啡馆，进行东印度公司股票、国债等证券交易。在此背景下，英国发生了简化国债交易的革命，将当时发行的杂乱无章的各种国债整合归一。

国债发行日期不同，其票面利率（Coupon rate）和偿还期限（到期时间）也会随之产生差异。在今天的日本也一样，在进行国债交易时，投资者需指定债券品种，明确是何年何月发行的第几次国债。有5年期国债、10年期国债，还有10年期国债发行5年后剩余期限为5年的国债等种类。由于品种繁多，如果分类过细，每个品种的持有者人数就会相应减少。那么，想要卖出或买进的时候，找到交易对象的机会就会减少，交易难以频繁进行，这种状况在证券业被称为"流动性差"。对于投资家来说，此类商品想出手时难以出手，变现能力低，因而价值相应减少，价格也大打折扣。当时，国债无论对于发行方的国家来说，还是对于购买方的投资家来说，都无利可图。

于是，1749年，当时的首相兼财政大臣亨利·佩勒姆决定，将现有各种国债不同的票面利率和偿还期限整合，发行一种没有偿还期限的永久国债，称为"统一公债"。因为国债的种类只有一种，交易时就不需要指定品种，也不需要计算剩余期限的收益率。而且，同种类债券的持有者人数就会增加，流动性的提高又会吸引大批新进投资者，使得交易基础愈发牢固。

英国国债的发行额在1739年为4400万英镑，到拿破仑战争结束后的 1816 年增至 7 亿英镑，当然其背后也有政府为接连不断的战争筹备军费之需。这些巨额国债依靠投资家的资金顺利消化。议会掌握主导权之后，英国再也没有出现过不履行债务的问题（财政崩溃），这在全世界也属罕见。英国经济学家沃尔特·白芝浩谈到，在当时的英国，国债不仅具有很高的信用，变现能力也很强，甚至还产生了一句俗语"统一公债周日也能卖掉"。要对苏格兰遗孀们的年金基金进行运营，这种既安全又稳定的金融商品是必不可少的。

第三十七回

拿破仑与伦敦市场

七年战争,指的是普鲁士及其后援英国与其他欧洲国家之间的战争。1763年《巴黎条约》签订,战争以对普鲁士有利的结局而告终。英国在北美以及印度与法国争战,在各个地区确立了优势,为之后成为霸权国家奠定了基础。

战争结束之后,以英国为中心的世界贸易不断发展,国际分工逐渐形成体系。而阿姆斯特丹依然是一个重要的金融市场。当时的英国仍然是债务国,其部分国债是靠阿姆斯特丹的资金来支撑的。17、18世纪,包括英国在内,很多欧洲国家的融资都依赖于阿姆斯特丹的市场,发行债券也必选阿姆斯特丹市场。当地的金融巨头之一霍普商会,就独自承担了瑞典政府10次国债发行和俄国政府18次国债发行。这些金融业者负责的销售范围不仅限于阿姆斯特丹，而是欧洲全境，因此国债销往欧洲各地。可以说，国债交易从最初就是多国间具有全球化性质的业务。

巴黎条约签订后，伦敦的物资交易市场因与北美、印度的贸易往来日益繁荣，阿姆斯特丹以及欧洲各地的商人纷纷将子弟、族人派往伦敦。

在伦敦，出身于意大利北部伦巴第大区的商人们聚居在伦巴第街，荷兰人开始向奥古斯丁修道会周边集中。虽称为荷兰人，他们多为以前分散于欧洲各地的犹太人。后来将城市势力一分为二的巴林家族，也在霍普商会的协助下，从不莱梅来到英国，并于1763年在伦敦建店开业。此外，罗斯柴尔德家族从法兰克福出发，施罗德家族从汉堡出发，拉扎德兄弟从阿尔萨斯出发，齐聚伦敦。他们具备贸易票据处理、外汇交易的实务经验，拥有在欧洲各城市的人脉网以及外语能力。

18世纪末的英荷战争（1780年）和法国大革命战争结束后，1795年法军入侵荷兰，建立了巴达维亚共和国，成为法国的附庸国。1806年，拿破仑将其改制为荷兰王国，作为金融都市的阿姆斯特丹日渐式微。随着拿破仑占领了法兰克福和汉堡，很多德系犹太人移居伦敦。阿姆斯特丹的一世繁荣也由于拿破仑军队的进驻而终告落幕，拿破仑驱逐了希望保全资金和追求自由的金融业者。于是，伦敦一举成为甲冠天下的金融中心。

另外，这期间，伦敦市场的统一公债交易形势大好，同时由于政府需要筹备对法战争的军费，公债市场日益健全。在伦敦交易所进行债券交易的金融业者人数，从1792年的430人增至1812年的726人。

决定拿破仑战争成败的一个重要因素，就是英法两国不同的资金筹措能力。从法国国王路易十四掌权直到法国革命爆发，由于反复拖欠债务，国债失去了信用，通过发行国债来筹备军费举步维艰。后来，拿破仑利用占领地区的赔款确保了军费供给，并控制国债发行，实现了财政平衡。虽然法国国债因此恢复了信用，但是远未具备再次发行的条件，终致军费枯竭。欧洲大陆备受战火摧残，资金纷纷转移至英国伦敦，以求安全。

1803年，苦于军费不足的拿破仑将法国在北美的属地路易斯安那以1500万美元卖给了美国政府。当时的路易斯安那，与今天的路易斯安那州完全不是同一个概念，其面积不可同日而语。法属路易斯安那横跨今天的爱奥瓦、阿肯色、俄克拉何马、堪萨斯、科罗拉多、南达科他、得克萨斯、新墨西哥、内布拉斯加、北达科他、密苏里、明尼苏达、蒙大拿、路易斯安那、怀俄明等15个州，面积非常广大，约占今天美国领土面积的23%，如图9-1所示。

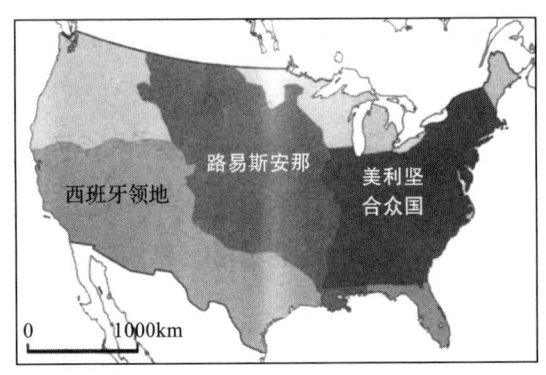

图9-1 法属路易斯安那,横跨今天的爱奥瓦、阿肯色等15个州,面积广大

同一时期,美国政府发行了1125万美元联邦债券。美国政府将联邦债券作为收购资金的一部分交付于拿破仑,但是,以法国银行为首的法国国内金融业者拒绝销售此债券。于是,作为美国政府代理人的英国巴林商会和阿姆斯特丹的霍普商会共同承担了这批债券的发售,帮助拿破仑实现了变现。对于巴林商会的业务执行,英法两国政府均没有提出异议。后来,在筹措法国的战败赔偿金时,巴林商会依然通过发行法国国债的办法进行了融资。就这样,伦敦确立了其在国际金融市场上的优势地位。

第三十八回

牛顿与金本位制

在2012年美国总统大选的预选中,共和党候选人之一、众议员罗恩·保罗主张,采用金本位制或者银本位制能够避免通货膨胀,实现物价的稳定。对此,诺贝尔经济学奖获得者保罗·克鲁格曼在《纽约时报》上撰文,用图表形式明确展现了以黄金价格除以消费者物价指数后得到的实际金价,说明了黄金价格极大的不稳定性。文章最后,他讽刺道:

"实行金本位制的美国没有发生过大规模的金融危机,除了1873年、1884年、1890年、1893年、1907年、1930年、1932年和1933年。"

如图 9-2 显示，相对于一般物价，黄金价格波动剧烈。

图 9-2　实际金价

资料来源：Federal Reserve Bank of St. Louis.

换言之，如果以黄金价格作为基准，就意味着物价发生了大幅度变动。从过去 40 年的数据来看，即使一直贯彻金本位制，也很难想象物价会保持稳定。

自古希腊文明时期硬币问世以来，西洋文明中的货币，均以黄金、白银等材质本身就极具价值的贵金属制成。后来出现的纸币，也是因为能够确保与金银交换，人们才会相信其价值。但是，金币与银币同时使用时，黄金与白银的相对价值，即比价会因供求关系变化而发生变动。如果大规模的金矿被发现，黄金大量出产，那么白银则相对稀有，其价值就会上升，而黄金则因过剩而价值下降。

大航海时代拉开序幕之后，中南美的白银大量涌入欧洲，导致欧洲爆发了价格革命。17世纪前半期，英格兰的金银兑换比率达到1∶15，而在尚未爆发价格革命的印度，金银兑换比率为1∶10。假如在印度用10个银币兑换1个金币，将其带回英国，可兑换15个银币，之后再将银币带回印度，可以兑换到1.5个金币。如果不计成本的话，每次能够赚取50%的利润。东印度公司热衷于进行这样的套利交易，于是，从美洲新大陆经由西班牙进入欧洲的白银，进一步流向了印度以及东方的中国。处于幕末的日本，也成为利用金银进行套利交易的对象，大量黄金外流，其原因也在于日本和国外的金银兑换比率不同。顺带一提，这段历史，就是佐藤雅美的小说《将军的货币》的故事原型。

天才物理学家艾萨克·牛顿在1720年的南海泡沫事件中损失了两万英镑。彼时牛顿已经不是象牙塔中的物理学家了，他于1696年开始在伦敦塔的造币局任职。这一时期，虽然政府规定1枚基尼金币兑换22先令银币，但是市场上基尼金币的兑换价值更高。套利交易还在继续。1磅牛排的重量约为453克，而作为货币单位的1磅，则是金衡磅，所用白银重量为373克。作为英镑基准的英格兰银币，被熔解后流入东洋国家，而换来的黄金则贮存在了英国。

1713年，西班牙王位继承战争结束，《乌得勒支条约》签订。由于战争而停滞的和印度之间的金银套利交易死灰复燃。1717年，东印度公司刚刚运出300万盎司白银，当时已升任造币局局长的牛顿重新制定了能够终止套利交易的金银比价——1枚基尼金币兑换21先令银币（金银兑换比率为1∶15.2）。

在此之前，英国市场上主要流通的货币是银币，而牛顿制定的金银比价过于低估了金币的价值（将1枚金币兑换22先令银币改为21先令银币）。虽然套利交易停止了，但是市场上金币开始广泛使用，银币反而被囤积起来。这被认为是导致之后英国采用金本位制而非银本位制的主要原因。虽然人们都说是牛顿的计算错误导致了英国的金本位制，而实际上，错误的恐怕并不是牛顿的计算，而是意图使用官方定价来控制并不稳定的金银比价的决定。克鲁格曼想说的也是这个意思。

之后的一段时间里，英格兰银行采用牛顿制定的金银比价来进行纸币和金银的兑换（金银复本位制）。1797年由于法国战争的爆发，兑换业务停止。

法国战争结束后，英国于1816年实行《货币法》，引进了索维林金币来替代基尼金币，并且将兑换比率定为1镑索维林金币兑换20先令银币。如果按重量换算，1金衡盎司（约31克）等于3英镑17先令10.5便士。这就是金本位制的开端。索维林金币的铸造和熔解都是自由的，其货币价值就是黄金本身的重量。另据1819年的兑换银行条例规定，从1821年5月起，重启英格兰银行券和黄金货币的兑换，但是不再与白银进行兑换。由此，英国从金银复本位制发展到了金本位制。但是，其他国家并未立刻追随英国采用金本位制。

第三十九回

国际货币会议与货币联盟

1867年,正是日本旧历庆应3年,德川幕府大政奉还㊀,年末坂本龙马遭到暗杀。这一年,在西方历史上也颇不平静。美国向俄国购买了阿拉斯加,马克思撰写了《资本论》。此外,在巴黎召开了万国博览会,日本幕府与萨摩藩㊁皆提供了展品,派遣了代表团,幕府方面的赴法代表是涩泽荣一。同样在巴黎,在法国的主导下,欧洲20多个国家齐聚一堂,召开了国际货币会议。这是世界首次国际货币会议。

㊀ 第15代将军德川庆喜把政权还给了天皇,标志着持续260多年的德川幕府统治结束。——译者注

㊁ 正式名称为鹿儿岛藩,为日本江户时代的藩属地,位于九州西南部。——译者注

在这次会议上，法国表示支持以金本位制为基础的世界货币同盟。表面上的理由是货币制度差异带来的汇率风险和交易成本，会阻碍自由贸易的发展，而实际上，其真正意图在于拿破仑三世的霸权构想。当时，实行金本位制的国家只有英国和葡萄牙，法国以及拉丁货币同盟的其他成员国——比利时、意大利、瑞士都实行金银复本位制，普鲁士实行银本位制。法国的构想是以法郎金币为基础，建立欧洲大陆的通用货币。

但是，拿破仑战争后，各国的复兴资金都是在伦敦市场以英镑计价债券的方式筹措的。此外，在国际贸易中，也经常以能够确保兑换黄金的英镑作为媒介。伦敦已经成为国际金融市场的中心，特别是英国国债——统一公债的收益率相当于今天的无风险收益率（投资于最安全且无风险的投资对象所能得到的收益率），是当时最保险的债务，利率也最低。因此，在当时的英国看来，法国的提议不足为患。各国一边斜睨着英国的繁荣，一边摸索着如何引入金本位制度。为了获得作为本位货币的黄金，有必要采取相应的财政措施。金银比价的波动受供求关系的影响，想要获得黄金，就需要大量的白银。

这里，普法战争是一个重要的契机。德国获得的法国赔款是以黄金支付的。因此，德国于货币会议召开 4 年后的 1871 年，开始实行金本位制。以此为开端，斯堪的纳维亚半岛各国在 1872 年北欧经济会议之后，也相继过渡到金本位制。法国则与意大利、比利时、瑞士同时于 1878 年开始实行金本位制。各国为了做好纸币和黄金的兑换准备，开始卖出白银，买入黄金，这一过程，我们通过图 9-3 中不断上涨的金银比价曲线也可窥见一斑。19 世纪 90 年代，受最后一个过渡到金本位制的大国——美国的影响，当时的金银比价超过了 30。

图 9-3　金银比价

资料来源：《货币的祸害》米尔顿·弗里德曼。

日本以 1897 年获得的中日甲午战争赔偿金为基础，开始采用金本位制。同年，俄国也实行了金本位制。对于两国来说，如果不实行金本位制，此后为筹措日俄战争经费而发行外债便不可能实现。因筹措日俄战争经费而背负了高额外债的日本，在朴次茅斯会议上希望从俄国获取赔款，但是未能如愿。

虽然之后，日本为维持用于偿还外债和进行兑换的黄金储备而大费周章，但是在第一次世界大战中，日本不仅得益于地理位置免于卷入战争，而且由于战时特需增加了出口，因而得以筹集了大量本位币——黄金。基于本国的财政状况，日本从未脱离过金本位制，但是一战期间，日本根据各国的情况停止了黄金兑换。

第十章

从英国到美国

第四十回

有限责任制与股市发展的基础

在南海泡沫事件最盛的1720年,英国出台了《泡沫法案》。此法律的本意是为了限制成立轻易进行筹资的股份公司,然而由于封杀过度,阻碍了18世纪到19世纪初期英国股份公司的发展。[22]但是在此期间,英国国内并非没有新的公司成立。18世纪中期,英国掀起了运河建设投资热潮。从1758年到1803年,共有165条运河法案被提交到国会。为了获得议会的特许,每成立一家运河建设公司,就需要制定一条法案。此外,19世纪20年代,与苏格兰寡妇基金性质类似的保险类公司的设立申请,就达到将近250件。不过,普通的制造业采用的是合伙经营的方式,所以不需要申请特别许可。采用合伙经营方式，所持股份可以自由买卖，不参与经营的匿名会员均具有有限责任。当时，需要上市广泛筹资以获取大量资本的产业，还尚未出现。

1776年发明了蒸汽机的詹姆斯·瓦特，在创业初期，由于资金匮乏，在进行研究的同时，还兼职测量师、土木技师。后来他与资助者——富有的企业家马修·博尔顿共同创立了博尔顿－瓦特公司，成为此后发明事业发展的基础。而博尔顿－瓦特公司也并非股份制公司，而是合伙经营方式的公司。

美国的情况也相同。为了筹集大量资金，就必须申请特许公司。蒸汽机轮船的发明者罗伯特·富尔顿，从英国订购了博尔顿－瓦特公司生产的蒸汽引擎，并安装在轮船上。富尔顿打算成立蒸汽机船运公司，将汽船投入使用在从纽约到奥尔巴尼这条航线上。为此，他必须获得哈德逊河汽船航行的特许独占权。当然，申请特许颇费周折，但好处在于可以排挤其他竞争对手。

改变这一状况的，是需要筹集大量资金的铁路产业。与英国不同，美国的立法是各州独立进行的，为了在招商竞争中占据优势，美国各州对这一问题早已有所应对。

1837年，康涅狄格州规定，成立股份有限公司不需要像特许公司那样逐一制定法律，仅需登记即可。于是，各州也纷纷下调门槛。现在我们所熟知的"仅凭注册便可成立公司的制度"就是从那时开始的。

英国稍晚于美国，于1844年通过了《合作股份公司法》，规定可以自由成立股份有限公司。1856年又修订了此法，取消了《有限责任法》中的各种限制条件，股东的有限责任开始普及。成立股份有限公司仅需注册，股东无须承担多于出资额的损失，同时，不再要求股东具有承担无限责任的支付能力，买卖股票时可以不必费心审核交易对象，股价不会跌破0点。此后，英国颁布了《1862年公司法》，其他各国也紧随其后纷纷制定了新的法律，这些法律将公司从各种束缚中解放出来，创造了19世纪末最初的全球化黄金时代。《公司的历史》一书的作者约翰·米克勒斯维特和阿德里安·伍尔德里奇称，该法律"发明了股份制公司"。

亚当·斯密对于股东的有限责任制度是持批判态度的。他认为，有限责任制度意味着不负责任，会使一些没有责任感的浮浅之徒参与公司经营，导致风险转嫁至债权人、供货商以及消费者。如果将某人的责任进行了限定，一定会产生影响并波及他方。另外，当时的自由主义人士还谈到了"代理问题"（经营者是股东的代理人），也就是我们今天所说的所有权和经营权分离的问题。他们认为，与个体经营或合伙经营这类经营权与所有权相一致的模式相比，股份公司先天存在着很多问题。他们清楚地认识到，被雇用的经营者不会像所有者那样谨慎细致地经营公司，所以"必然经常发生过失及资金滥用的问题"。这一问题在以雷曼事件为开端的全球金融危机时期再次被提及，即经营者的高额报酬问题。

第二次产业革命对巨额资金的需求，使得与资金筹措相关的法律制度逐渐完善。同时，可供投资家自由进行股票交易的现代股票市场也开始成长。使用英国博尔顿－瓦特公司制造的引擎发明蒸汽轮船的，是美国人，不是英国人。当年的蒸汽轮船，与今天集众家科技之长于一身的苹果公司生产的 iPod、iPhone，想来其性质颇为相似。

第四十一回

铁路与股票市场

龙多·卡梅伦在其著作《世界经济简史：从旧石器时代到20世纪末》中提到，"产业革命"这个用词会令人联想到激烈的变化，而实际上，变化是平稳而持续的，而且与产业方面的变化相比，理性、知性方面的变化更为重要。对于这个用词的探讨与批判是在20世纪80年代之后开始的，我们并非专业学者，个中详情不甚了解，在此姑且使用"工业化"这个词。在英国工业化的初期，作为运输手段，运河的开凿获得特许。1761年，布里奇沃特运河开通。此后直至19世纪中期，运河总里程延伸至6840千米，达到运河建设的顶点。在那之后，铁路作为新的运输手段登上了历史舞台。

铁路公司的成立申请开始于 1801 年，到 1821 年共有 14 家公司取得了特许。但是早期的铁路和当时的收费公路一样，仅仅是铺设好线路之后征收使用费，是一种道路租借业务。斯托克顿–达灵顿铁路公司在 1821 年获得特许，铁路建设期间，公司决定自行引进蒸汽机车，1825 年，世界第一条铁路建成通车，世界最早的铁路运营公司也开张营业。公司引进了著名的乔治·史蒂芬森的"运动号"（Locomotion）机车，进行煤炭运输。此后，曼彻斯特至利物浦之间的铁路建设申请被提出，建设公司同样引进了运动号机车。然而这一申请因触及了运河业者的既得利益而遭到强烈反对。不过，由于运河的单程航行时间需要 36 小时，而铁路只需 5 小时，而且铁路的运费只是运河的 1/3，因此铁路的建设申请最终还是获得了许可。在统一公债的收益率为 3.3% 左右的时候，利物浦—曼彻斯特铁路（Liverpool and Manchester Railway）的分红已经达到年利率 8% ～ 10%。进而，股价上涨到面值的 3 倍，投资家们开始意识到，投资铁路股票是可以赚钱的。

19 世纪初期的伦敦市场以国债和外国公债的交易为主。1838 年，伦敦证券交易所的记录显示，在 675 位会员中，有 278 位经纪人办理股票业务，其中有 15 位会员仅操作特定的铁路股票。虽然铁路股票在 1845 年左右出现泡沫，但是 1853 年伦敦证券交易所上市证券面值总额的 3/4 仍然是政府证券。从行业来看，即使是业绩突出的铁路股票也只有两亿英镑，仅占 16% 的市场份额。于是，投资家们的兴趣，逐渐转移到拥有广袤处女地的新兴国家美国。

19世纪后半期，南北战争结束，美国成立了多家铁路公司，随之发行了大量铁路证券（股票和债券各约占50%）。从证券的发行总额来看，铁路股票逐渐取代了国债公债，成为市场交易的主体，如图10-1所示。

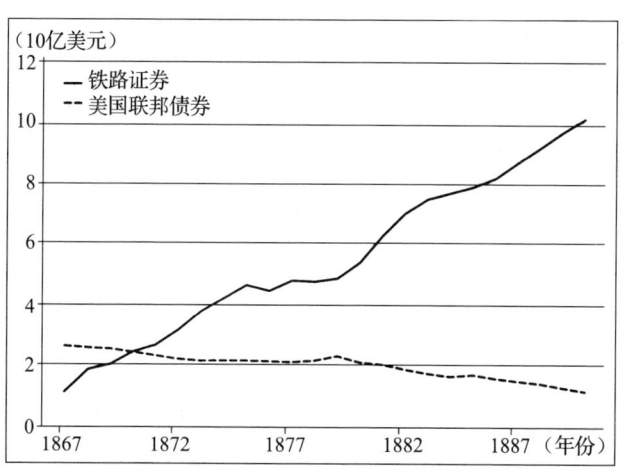

图10-1　美国联邦债券和铁路证券的发行总额
资料来源：Historical Statistics of the U.S. 1960.

在1899年的纽约市场，铁路股票占市值总额的63%。初期的股票市场完全以铁路股票的交易为中心。1896年道琼斯公司首次发布股票价格平均指数时，其成份股构成也说明了这一点。当时铁路股价平均指数的成份股有20种股票，而用来计算工业股价平均指数的工业公司股票现在为30种，当时仅有12种。伦敦市场的铁路股票也占据总市值的50%以上，当时的东京市场亦不例外。

第四十二回

南北战争与零售销售

1860年,胜海舟、福泽谕吉和访美使节团搭乘"波瓦坦号"(Powhatan)和"咸临丸"㊀,横渡太平洋来到了美国。访美使节团的监察官小栗忠顺4月份在费城,就修改金银兑换比率问题与美方进行了交涉,此问题一直悬而未决,导致日本黄金大量外流。美国方面虽然承认了小栗忠顺实验论证的正确性,但是并没有同意修改金银兑换比率。弱者是没有话语权的。

同年12月,南卡罗来纳州宣布脱离联邦政府。1861年

㊀ 咸临丸是幕末时期江户幕府拥有的一艘初级军舰,是从荷兰购买的蒸气船。——译者注

2月，南部联盟宣告成立，美国南北分裂。3月4日林肯就任总统，5天后南部联盟议会批准发行和北部不同的财政部证券和独立的货币。这便是南北战争的开端。

在此背景下，纽约证券交易所立刻做出了决议，支持合众国联邦政府（北军）。南部出身的证券投资家们虽然仍旧留在华尔街，但是只要进行发售交易便被认定是南军支持者，所以他们无法进行售卖业务。也因此，南北战争开始之后，股价仍然保持稳定，如图10-2。交易所还做出决议奖励出征的士兵，但是据说交易所成员本人被征集入伍时，便会花钱雇人去参战。看来虽然时代在变迁，但是华尔街一直以来都聚集着工于心计的聪明人。

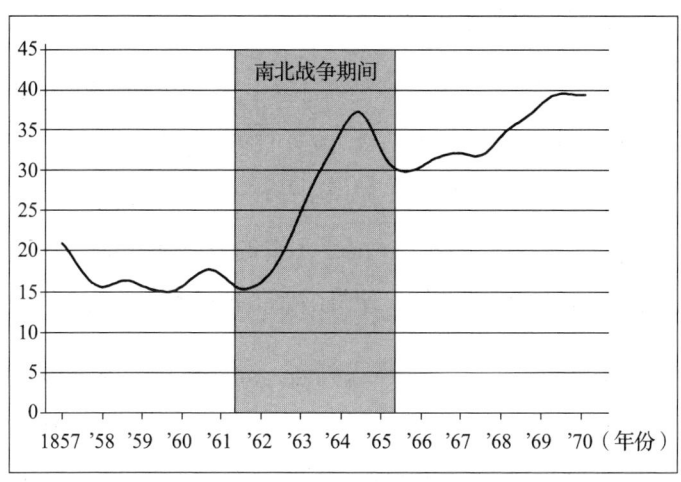

图10-2　美国铁路股票指数

资料来源：National Bureau of Economic Research.

为筹措军费而发行的国债滞销，令联邦政府大伤脑筋。战争与国债有着千丝万缕的联系。北军的宾夕法尼亚州曾尝试发行了300万美元的州债，但是由于1841年曾拖欠过债务导致信用丧失，购买者寥寥。

于是，当时费城的年轻私人银行家杰伊·库克（Jay Cooke）承担了债券销售任务，他通过"唤起州民的爱国心"，想方设法把州债全部卖了出去。

库克降低了州债的单位交易额，每份仅为50美元，个人购买也不算负担。这扩大了投资者的范围。此外，他还充分利用地方报纸的广告栏来提高州债的知名度。

如此一来，州债的销售对象便不仅限于富有的投资家群体，而是扩大到普通民众。

之后联邦政府（北军）发行了5亿美元国债，偿还期限为20年，票面利率为6%，5年后可随时兑换。然而，由于南北战争以后，政府停止了使用本位币（黄金）支付，失去了信用，因此国债无人问津。陷于困境的财政部获知费城的库克在公债销售方面的业绩，便将国债销售任务委托给了库克。

和销售州债时一样，库克判断，固有的投资家群体，即银行家和商人不会购买国债。于是，他成立了特别销售小组，从北部大城市、州政府和实业界选拔了2500位销售代理，这些人主要是小型银行业者、保险推销员和不动产经纪人等。这些销售代理遍及北军管辖下的全部领地,进行国债的推销贩卖。他们动员每一位普通的小额投资者,"唤起他们的爱国心",同时耐心说明"为什么这是一项有利的投资"(因为6%的票面利率是用金币来支付的,金币比纸币更有价值,相当于实际上得到8%的收益率)。此次国债销售扩大了美国证券投资者的人口规模,为之后美国证券投资业的发展奠定了基础。

进而,库克使用当时刚刚开发的电信技术,将总部华盛顿和地方据点的销售团队网络化,对销售信息进行一体化管理。以前掌握全美的债券销售状况需要花费数周时间,使用电报之后当天就可以进行收集统计。

南北战争之际,华尔街将库克使用的电信技术另作他用。当时的股价和今天不同,并不是融汇了所有信息而形成的。想要最先掌握战况的经纪人雇人与军队同行,收集相关信息。据说,私设的专用电信设备设定了多条线路,大多数情况下,华尔街掌握战况信息比华盛顿政府都早。此外,一些大胆的经纪人还派间谍混入南军内部,在南军团长级别的官员接到命令之前,间谍已经掌握了全部作战部署。人的欲望真是最大的动力。但是,即使是旷世之才杰伊·库克这样的杰出经纪人,在1873年的经济危机中,也由于购买了大量的北太平洋铁路债券而破产。

第四十三回

媒体与道琼斯股价指数

金融史学家罗伯特·索贝尔认为，史上首位"市场评论员"是1692年发行的《伦敦商业周报》的J.霍顿。同一时期，劳埃德咖啡馆也开始发行海运业的报纸——《劳埃德船舶日报》，一周发行3次。因此，这一时期应该是市场评论的起始。

在英国，1622年《每周新闻》(*The Weekly News*)创刊，成为报刊业的先驱。1666年《伦敦官报》(*The London Gazette*)创刊，并开始刊登政府公报。据说这家报纸在17世纪末发行量已经达到一万多份，估计其读者人数已经相当可观。从光荣革命时期开始，通过阅读报纸来收集信息已经成为伦敦市民的习惯，各种报纸大量出现。就像日本人坐在弥漫着香烟味道的传统茶店里看体育报纸一样——虽然这一光景也已经快过时了——当时的伦敦市民坐在咖啡馆里，一边喝着咖啡一边阅读各种报纸。《泰晤士报》（*The Times*）在1785年由约翰·沃尔特创刊，是世界上最早的日报。1805年特拉法加海战期间，《泰晤士报》利用自己独有的信息网络，在英国海军发布官方通报之前数日，就已经报道了战争胜利的消息，提高了可信度。1814年，报社引进了蒸汽驱动型印刷机，取代了传统的手动印刷机，极大提高了报纸的印刷速度和印刷量，发行量也大幅上升。据此，在当时种类繁多的报纸当中，《泰晤士报》成为唯一一家仅依靠报纸发行就可以支撑经营的报社。之前，来自政党或个人的贿赂是报社普遍的收益来源，而《泰晤士报》已经不必再依赖这些贿赂，因而报纸内容的中立性和正确性得到了进一步的提高。

另外，在美国，亨利·瓦纳姆·普尔于1849年收购了《美国铁路杂志》（*American Railroad Journal*），通过分析铁路债券的供求状况，对最佳投资时机提出建议。1882年，道琼斯公司成立，编写发行了统计股票和债券收盘价的《致读者下午信》。这种简易印刷品被人们称为手写"短信息"。1889年，印刷品扩大为报纸，并正式更名为《华尔街日报》（*Wall Street Journal*）。这期间，道琼斯公司接到了顾客的投诉，顾客称受到纸质报纸的派送速度等影响，不能及时获得信息。因此，该公司开始利用电信和电传纸带（印有文字的细长纸条）发布股价信息（见图10-3）。同时，还开展了新闻资讯服务，就是今天的道琼斯新闻。利用电传纸带，证券公司以及大额投资家在办公室里就可以了解到最新的股价和新闻。在庆祝士兵凯旋等游行中，纽约百老汇有纸带游行——抛洒纸带纸屑的传统。这些纸带、纸屑，就是用电传纸带剪碎做成的。

图10-3　依据电报纸带的内容来操作价格公告板

1900年，相对于普尔对铁路股票的分析，约翰·穆迪开始分析普通事业公司的股票。这两家公司后来发展为今天的标准普尔公司和穆迪公司，均为信用评级机构。

道琼斯公司从1896年开始发布平均股价指数，最初只有工业股票指数和铁路股票指数两种,如图 10-4 所示。工业股票平均价格指数由 12 只成份股构成,铁路股票平均价格指数由 20 只成份股构成。顺带一提,初期的 12 只工业成份股中,目前只有通用电气公司的股指仍被道琼斯指数采用。此外,构成铁路股票平均价格指数的 20 家公司中,有 18 家是铁路公司,其余两家分别为太平洋邮船公司和电报公司——西联国际汇款公司。

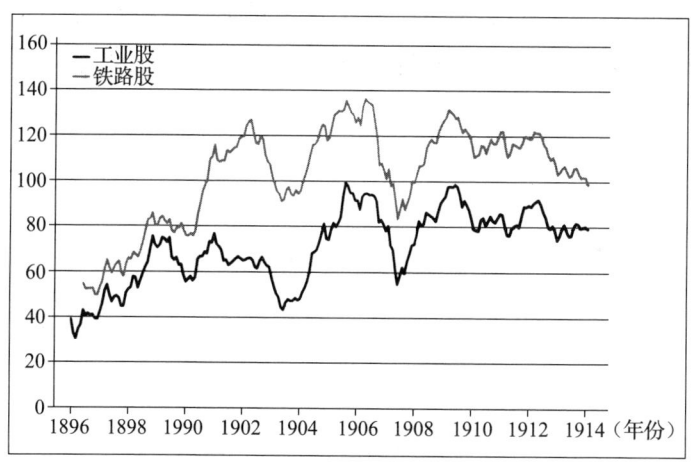

图 10-4　道琼斯工业股价指数和铁路股价指数
资料来源:Federal Reserve Bank of St. Louis.

之后在日本,由于日经指数的计算方法与道琼斯指数相同,因此直到 1985 年,一直被称为"日本经济新闻社道·琼斯股票平均价格指数"。此后,由于大阪证券交易所欲推出股票指数期货,而道琼斯公司拒绝日本使用其指数进行期货交易,无奈之下,"日本经济新闻社道·琼斯股票平均价格指数"更名为"日经平均股价指数"。当时，期货等金融衍生产品（派生商品）和现货股票相比，被认为略低一等。但是后来，道琼斯公司也转变了观念，于1997年开始了道琼斯指数期货的交易，这时距离道琼斯公司开始股指计算已经过去了101年。

1902年，道琼斯公司被克莱伦斯·巴伦以13万美元的价格收购，之后取得了突飞猛进的发展。而当时，13万美元也只相当于65万日元，这个价格对于日本精明能干的投机家们来说也是可以承受的。可见，那时的道琼斯公司规模并不大。

第十一章

战争与恐慌

第四十四回

日俄战争中的国际合作融资

现代日本人对于日俄战争的理解，受司马辽太郎的畅销小说《坂上之云》的影响颇深。小说中描写了明治时期的军部与元老实行的合理的统治体制，与进行野蛮战争的昭和时期的陆军形成了鲜明对比。因此，儿玉源太郎领导的明治军部的精悍强大，以及东乡元帅领导下日本海海战的出奇制胜，都给人们留下了极为深刻的印象。不过，从金融史的角度来说，金子坚太郎在美国进行的外交宣传活动和高桥是清的军费筹集工作都做出了巨大贡献，可以说二者的功绩并不亚于陆海军的战功。

交战双方俄国和日本同在1897年开始采用金本位制，并与英国等发达国家定好了固定汇率。当时，采用金本位制是跻身发达国家的标志，也是在国际资本市场进行融资的基本条件。两国均在决定开战后，立即宣布要继续实行金本位制，目的就是为了避免本国汇率下跌给战争物资的进口造成不利影响，同时也是为了筹措军费。

日本因与英国结成了英日同盟，认为英国政府一定会对日本的国债发行给予支持。但是，当时英国尚未摆脱在南非的布尔战争带来的财政负担，自顾不暇，因此日本的期待完全落空。此外，学院派史学家将日俄战争看作"第零次世界大战"，因为这是产业革命之后第一次真正的机械化战争。但日俄两国政府都没有认识到这一点，严重低估了军费开支。

日本在伦敦市场发行公债，俄国则以法俄同盟为后盾，在巴黎市场发行公债。图 11-1 显示的是战时日俄两国国债在伦敦市场收益率的变化情况。

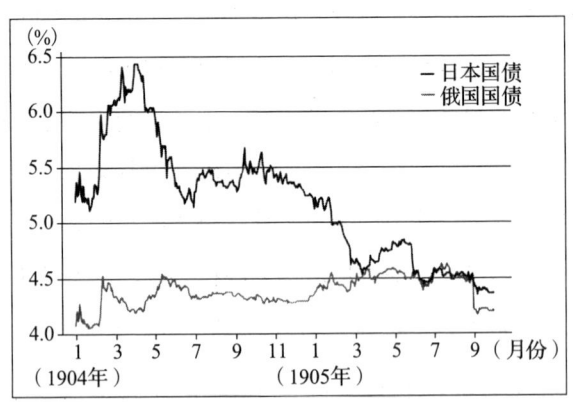

图 11-1　日俄两国国债收益率的变化

资料来源：《日俄战争：筹资之战》。

1904年2月开战时，日本国债被大量卖出，两者之间的价差（spread）一度达到2.23%，可以说日本国债完全处于劣势。之后，美国的金融公司库恩·洛布财团决定在美国发行日本国债，这使得日俄两国国债之间的差价迅速缩小到1%左右。后来，日本攻陷要塞旅顺，加之1905年1月，俄国爆发了以"星期日惨案"为开端的内乱，在伦敦金融市场，人们开始回想起法国革命时期的债务不履行现象。于是，当初倾向于俄国的法、德两国开始与之背离，与日本国债相比，俄国国债的发行反而更为困难。最后，在1905年5月的日本海海战中，日本以绝对的优势获胜，苦于军费不足的俄国难以为继，不得不坐到谈判桌前讲和。最终，日俄两国国债收益率的差价缩小到几乎为零。

日本在战时发行了4次国债，战后又发行了两次替续债券。其中，第一次到第三次是在英美市场发行的，第四次又增加了德国市场。战后的第五次债券发行在英、美、法、德等发达国家的金融市场上同时进行，这也是世界上首次大规模的国际合作融资行为。日俄战争同时也是日本进入国际金融市场的"首演"。

日俄战争之前，日本的公债发行总额仅有5600万日元，到了战后的1907年，就已经扩大到22.7亿日元。由于日本并没有在《朴次茅斯和约》中要求俄国支付战争赔款，战后，由利息支出和替续债券成本构成的国债费用，约占国家预算的30%。而且,战后军费依然居高不下,这一切都给日本的国家预算造成了相当大的压力。之后,日本通过一战期间的"特需"偿还了债款,而同样负债累累的俄国却由于革命的影响开始拖欠债务。关于日俄战争中的融资情况,以及当时的日本财政官高桥是清的贡献,请详见拙作《日俄战争:筹资之战》。

第四十五回

一战与有价证券的大众化

查理·卓别林的第 64 部电影名为 *The Bond*，意思是"债券"。该电影由卓别林自费制作，完成于 1918 年秋季，目的是促进一战时自由公债的销售，为军队募集资金。在影片最后，卓别林手持写着 Liberty Bond 的大铁锤，痛打象征着德国威廉皇帝的人物。这部影片还有美国版和英国版，在影片中登场的分别是象征美国的"山姆大叔"和象征英国的"约翰牛"。

一战开始于 1914 年 7 月 28 日，4 年后的 1918 年 11 月 11 日结束。直到战争前夕，美国的道琼斯指数都没有将这场席卷全欧洲的战争要素纳入考量。而开战时出现的股价跳空缺口，也说明人们完全没有预料到战争的爆发。道琼斯指数在1914年7月30日暴跌了7%，次日休市，直到年底的12月14日再次开盘，又下跌了21%，如图11-2所示。

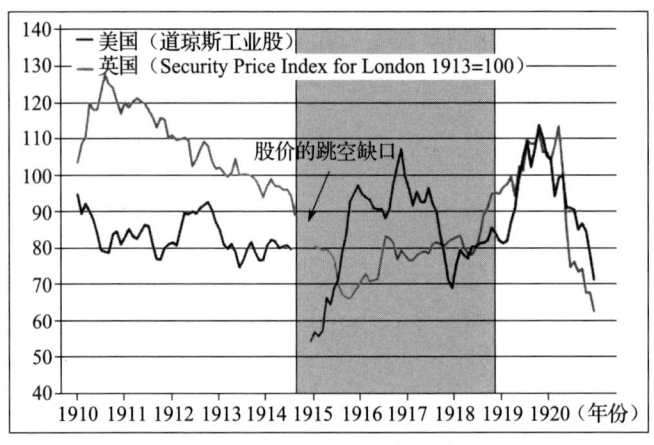

图11-2　一战与美英股价

资料来源：Federal Reserve Bank of St. Louis.

一战爆发之际，以英法为中心，各国在纽约市场发行了大约20亿美元的外国公债。这让华尔街的金融业者赚足了手续费，同时也使美国由债务国转变为债权国。以一战为契机，国际金融的中心由伦敦转移至纽约。此后又经历了二战，伦敦市场日渐式微。伦敦再次恢复国际金融市场的中心地位，是在1963年美国肯尼迪政府实施了"利息平衡税"政策（由于日本企业等不愿意交税，便开始在伦敦市场融资），以及因1971年的尼克松冲击⊖而产生了欧洲美元之后

⊖ "尼克松冲击"，指美国总统尼克松于1971年之后，对外交、经济政策等做出的重大调整，对世界秩序形成的"冲击"。日本所称"尼克松冲击"有两次：一次是1971—1972年尼克松访华前后的外交政策调整；另一次是1971年8月15日尼克松总统宣布美元与黄金脱钩。——译者注

的事情了。

　　一战给金融市场，特别是华尔街的商业模式带来了极大影响。除了出售外国政府的债券，美国政府也发行了210亿美元的自由公债，如图11-3所示。卓别林等电影明星率先行动起来，像杰伊·库克一样，呼唤民众的爱国心，积极进行债券的促销宣传活动。对于华尔街来说，与单纯的外国公债不同，自由公债交易可赚取的手续费微不足道，但是由于国民纷纷购买公债，迅速促成了有价证券的大众化。

图11-3　第一次世界大战时，宣传美国政府发行的自由公债的海报

　　1917年，美国的投资者总人数据估计在35万左右。由于自由公债的交易单位仅为100美元，可以进行小额交易，同时对于获得的利息实施免税措施，因此，战后的1919年，

总计有1100万国民购买了自由公债。此外，1912年，投资银行协会的会员企业只有350家，但之后由于证券零售业务（面向个人投资家）的兴盛，战争结束10年后的1929年——"咆哮的20年代"终结之时，会员企业增至6500家。

战后，参加商议《凡尔赛和约》的威尔逊总统的随行工作人员中，有多位摩根公司的优秀人才。各国代表甚至戏称，"出席和平会议的摩根公司人员实在不少，好像他们才是这次会议的主角。"当时，各个投资银行聚集了众多深谙全球商务状况的优秀人才，摩根公司的掌舵者托马斯·拉蒙特就是其中的杰出代表。他们为政治家建言献策，并且没有共和党或民主党的党派倾向性。外国政府的公债发行加深了外交关系，而这也仰仗了投资银行家们所掌握的全球性的广泛人脉。投资家的范围扩大到一般民众，金融业者开始接触政治，菲茨杰拉德在《了不起的盖茨比》中描绘的暴发户纵横于世的"咆哮的20年代"即将拉开序幕。但是在此之前，让我们先来看另外一段插曲——一战之后在德国发生的恶性通货膨胀。这一事件经常被当作典型证据，用来反对可能导致物价飞涨的过度的金融缓和政策。

第四十六回

魏玛共和国的恶性通货膨胀

"通货膨胀作为一种征税手段，拥有巨大的特殊优势。因此，在面临困境或绝境之时，统治者常常采用这一手段。"⊖

20 世纪 20 年代爆发于魏玛共和国（以下称为"德国"）的恶性通货膨胀，并不是在一战中或者战后不久发生的。德国在一战中投入的军费与英法相当，公债发行总额在一战前是 50 亿马克，一战后扩大到 1565 亿马克。但是从通货膨胀率来看，一战结束时，德国的通货膨胀率是战前的 2.45

⊖ 引自德国经济学家 Wilhelm Rieger。

倍，美国是 2.03 倍，英国是 2.29 倍，法国是 3.25 倍，意大利是 4.37 倍。相比较而言，德国的通货膨胀率并不算严重。这也是德国人的战败意识比较淡薄的原因之一。人们普遍相信"刀刺在背的传说"——德国军队已经获得了胜利，只是由于中央那些无能的文官暗中背叛了军队，才导致战争失利。

这次著名的恶性通货膨胀经历了三个推动其迅速发展的时间段：①1919 年 1 月，战后的巴黎和会上提出了天文数字般的巨额赔款方案；②1921 年 5 月，赔款金额确定；③从 1923 年 1 月，作为对无法支付赔款的德国的制裁，法国进驻鲁尔地区，直到 11 月德国经济彻底崩溃为止。由于德国马克之前也经常遭遇贬值，因此，当时的德国政府并不认为，承担国债的中央银行过度发行纸币，会导致通货膨胀。这种认识在今天是难以想象的。相反，德国政府的想法是，因为物价上升，所以需要发行更多纸币。此外，产业资本家基于以前的经验，认为只有马克持续下跌，才能保持德国产品在市场上的竞争力。

准确地说，德国在战时采取的措施是，让中央银行暂时承担短期债务，之后通过发行长期国债来偿还短期债务。但是在此过程中，长期国债遇冷，销售不动。本应是缓兵之计的短期债务不断增加，大量积压给中央银行。这导致了无限度的纸币印刷。

1919年1月开始的通货膨胀期间，由于马克贬值，德国产品的出口状况良好，同时，美国产品的进口量也大幅增加。通货膨胀率在数倍左右，当时的德国被认为是世界经济的唯一推动力，经济态势向好。失业率低，股票面值上涨，在柏林，数家高级夜总会开张营业。有借款途径的民众、企业家、生意人纷纷借钱投资实物或不动产，由于通货膨胀，还款非常轻松，据说很多人因此积累了巨额财富。特别是犹太人大肆进行这种投机活动，这一点也被日后的纳粹所利用。而另一方面，高级官员、大学教授以及领取退休金的人员等，这些收入固定的中产阶级，受到数倍通货膨胀的影响，生活陷入困顿，日常食品都难以保证。此外，劳动工会充分发挥集体谈判的力量，反复进行交涉，要求依据通货膨胀率提高工人工资。于是，体力劳动者的工资超过了脑力劳动者。由于存钱已经没有了意义，人们开始花钱消费。另外，马克贬值还吸引了外国人前来购物。据说当时日本人曾在德国抢购照相机。[23]

德国大城市的部分居民已经陷入饥荒，而对于外国人来说，这里却是他们享受奢侈美食之旅的天堂。国外普遍认为，消费活跃的德国经济形势一片大好，这激起了战胜国法国的复仇之心。另外，德国人通过亲身体验发现，当马克贬值得到控制，通货膨胀得到改善的时候，失业率就会提高，破产企业就会增加。于是，通货膨胀，成了一剂可以暂且逃避现实、带来一时快感的毒品。

1921年4月27日，德国的战争赔款额确定，共计1320亿金马克，每年偿还20亿，以及德国出口总额的26%的关税，使用纸币马克支付。赔款中所说金马克的兑换汇率为1英镑=20.429马克，这是金本位制时代确定的固定汇率。而纸币马克的兑换汇率此时已是1英镑=200马克。

为了偿还战争赔款，德国必须增加出口以赚取外币，但是领土的丧失严重削弱了德国的生产能力。只能让当时的中央银行——德意志帝国银行承担国债，印刷纸币，并出售马克。只有卖出马克，才能够筹集到用于赔款的外币。结果，马克的汇率在1921年10月为1英镑兑换712马克，到1922年年末，暴跌至1英镑兑换35 000马克。

法国总理雷蒙·普恩加莱的家乡洛林地区，在普法战争和一战中两次遭受德军战火蹂躏。因此，他抱着超乎常人的报复心和对德国严惩不贷的决心，参加了对德谈判。而这种处理方式被认为与后来希特勒上台及其对法国的强硬报复有关。

1923年1月，因德国拖欠赔款，普恩加莱接管鲁尔地区，派军队进驻。对此，德国政府采取了消极抵抗的策略，用国家财政资金来支付鲁尔地区罢工工人的工资。承担政府国债的中央银行采用了债务货币化的方式（增加货币的发行），进一步加剧了通货膨胀。1月末汇率跌至1英镑兑换22.75万马克。至此，马克的价值已经只有战前的万分之一。

这一年，德国恶性通货膨胀爆发，人们购物时甚至需要推着载满纸币的手推车，因此被称为"手推车年"。

政府允许银行、企业和地方自治体发行纸币，以弥补流通货币的不足。7月份的汇率为1英镑兑换100万马克，8月份超过了1000万马克，10月份为15亿马克，10月末达到3100亿马克。政府刚准备好面值为10万亿马克的纸币，11月份的汇率竟然达到1英镑兑换20万亿马克。此时，马克的价值下跌到战前的一万亿分之一。工会提出的工资上涨要求也已经赶不上通货膨胀的速度，廉价的纸币因不敷成本难以继续印刷。在这个时代，用钱买煤炭，不如直接烧纸币更划算；小偷盗取了购物客人的旅行箱，会把里面的纸币扔掉。对于纸币的共同幻想破灭，人们开始拒绝纸币。正是在这样的时代背景下，希特勒于11月8日发动了啤酒馆暴动。直至发展到纸币已无法用来交换食品，恶性通货膨胀终于迎来了尾声。如果1913年的生活消费指数为1，那么1923年11月，生活消费指数实际上已经达到1913年的2180亿倍。

当纸币价值跌至1万亿纸马克相当于1金马克时，新设立的地租银行发行了以黄金价值为基准的过渡性货币——地租马克纸币。地租马克设定了纸币发行总额的限制，并担保可以与战前的金马克债券进行交换，汇率为1英镑兑换20.429地租马克。政府通过抑制中央银行无限制发行纸币的行为，断绝了利用通货膨胀解决危机的途径。1923年11月，流动负债最终达到1.916×10^{18}亿马克，且几乎都是对中央银行的负债。从战前到战时,以中产阶级为中心的国债持有人数达到 92 万人,他们可以以债券票面价值的 1/40 与新国债进行兑换。虽然纸币严重贬值,但是一万亿分之一这种兑换比率是不能采用的。投资家们损失的部分被称为通货膨胀税。

魏玛共和国的恶性通货膨胀是在极为特殊的情况下发生的。在现代日本,由于《财政法》中有严格的预防性法规,爆发恶性通货膨胀的可能性微乎其微。而德国民众以及德国央行——德意志联邦银行因为这一经历,对于通货膨胀极度紧张。我想,这不仅仅由于恶性通货膨胀使民众的生活陷入困苦,同时也因为,通货膨胀催生了此后希特勒领导的国家社会主义体制,奉行纳粹主义的德国成为整个欧洲乃至全人类的敌人。

第四十七回

股市震荡与卓别林的《城市之光》

1929年的华尔街股市震荡开始于10月24日，由于这一天刚好是星期四，所以被称为"黑色星期四"。实际上，股价暴跌并不只是一天发生的事情，如果仅看当天的跌幅，次周的星期一和被称为"扼杀百万富翁之日"的星期二跌幅更猛。道琼斯工业指数从1929年9月3日的最高价位381.27下跌至1932年7月8日的41.22，3年内股价跌至原来的大约1/10，在相当长的一段时间里持续下跌。

股市震荡之前，是美国经济取得爆炸性增长的"咆哮的二十年代"，也正值美国第30任总统——共和党人卡尔文·柯立芝的任期（1923—1929年）。当时，收音机已经普及到千家万户，柯立芝是第一位使用广播向民众进行演说的美国总统。这期间，贝比·鲁斯和卢·格里克共同创造了纽约扬基棒球队的黄金时代，林德伯格于1927年独自一人完成了横越大西洋的飞行。这次飞行成功后的9个月里，飞机生产企业莱特航空公司的股价一路飙升了10倍。由于禁酒令开始实施，阿尔·卡彭借助贩酒称霸芝加哥，黑帮势力在各大城市飞扬跋扈。大型连锁超市及按月分期付款的方式走进人们的生活，民众开始疯狂购置收音机、冰箱及汽车等。1926年，65%的汽车销售以及40%的商店销售均是以分期付款的方式支付的。20世纪20年代，美国的汽车数量由700万辆增加到2300万辆。美国铁路的总里程在20世纪30年代已达到峰值，人们出行的首要交通工具开始从火车转变为汽车。

1913年，掌管金融政策的美国联邦储备委员会（FRB）成立，略晚于世界其他发达国家相关机构的出现。人们认为，金融政策是无所不能的，因此相信美联储委员会成立后，周期性的经济萧条应该不会再次发生。此外，哈佛大学开设了MBA课程，科学的经营管理方式被认为是美国企业未来的保证。人们还坚信，1920年开始实施的禁酒令将减少醉汉的数量，提高工厂的生产效率（应该说是华尔街相信只有自己还会酩酊大醉，其他人是不会的）。经济学的权威人士欧文·费雪教授毫不怀疑，经营技术的进步会带来美国企业的高度繁荣，从泡沫经济伊始，直至股市震荡发生，他一直强烈坚持自己的观点，而这也招致了他在股票投资中的惨重损失。费雪的前车之鉴令凯恩斯以外的大部分经济学家在之后的一段时期对股市敬而远之。

电影界也掀起了技术革新运动。1927年，最早的有声电影《爵士歌王》上映，有声电影广受青睐。而查理·卓别林则对这种新技术持否定态度，认为这就像是给雕塑涂色。有声电影《百老汇的旋律》风靡一时，美国所有的电影院都安装了音响设备，而卓别林的下一部电影作品《城市之光》（见图11-4）仍然是无声电影。

1929年10月23日星期三，这一天是"咆哮的二十年代"的最后一天，也是股市震荡的前一天。正在拍摄《城市之光》的卓别林和词曲作家欧文·柏林共进晚餐。欧文·柏林是名曲《白色圣诞》以及美国"第二国歌"《天佑美国》的创作者。

图11-4　以失业者作为主人公的卓别林电影《城市之光》

卓别林在自传中记录了这样一段情节。共进晚餐时，卓别林说："现在已经有1400万失业者，股票根本靠不住了！"柏林隔着桌子对卓别林发怒道："你是要把美国卖空吗！"欧

第十一章　战争与恐慌

文·柏林是俄罗斯移民,热爱自由舒适的美国,他通过信用交易的方式购买了大量股票。而卓别林看到越来越多的失业者沦落街头,早已失去了对股票的信任,在前一年就将自己持有的股票全部卖出。第二天,黑色星期四来临,股价暴跌,柏林几乎损失了全部财产,甚至没有坚持到下一周的"扼杀百万富翁之日"。两天后,他黯然来到卓别林的片场,在对于自己之前的盛怒表示歉意之后,他问道:

"你的清仓消息,是从哪里得到的?"

正在拍摄中的电影《城市之光》,是以失业者作为主人公的。卓别林的这一段逸闻告诉我们,在股价达到顶峰之时,城市中已经出现了大批失业者。

1925年,不顾凯恩斯的反对,关注海外债务、重视大英帝国英镑威信的丘吉尔,以较高汇率将一战前的英镑恢复到金本位制。当时,英国为了防止黄金外流,通过上调利率来增加英镑的吸引力。另一方面,美国联邦储备委员会为了支持英格兰银行,即使担心可能会导致经济过热,还是下调了利息。这也成为美国形成国内泡沫经济的因素之一。1928年,美联储委员会转变方针,多次提高官方利率,对此,后来人们评价说"这些利率调整对于抑制投机来说过低,从对经济整体的影响来看又过高。"

第四十八回

长期投资的幻影与股价回升

"咆哮的20年代"中开始出现泡沫经济的1924年,证券公司劳·狄克逊公司的分析师埃德加·劳伦斯·史密斯出版了著作《用普通股进行长期投资》(*Common Stocks as Long Term Investment*)。史密斯驳斥了"股票只是投机的对象"这一当时的普遍主张。他认为,"公司收益如果能够高于股息支付额,其企业价值就会附加上再投资利益,因此即使是普通股,从长远来看,未来也是会不断上涨的。"史密斯分析了19世纪中期以来的债券和股票的收益率,提出,"股票投资即使在短期内可能会有一定损失,但是作为长期投资,股票通常是有优势的。即使购入价位较高,后面也一定会有翻盘的机会。"

关于这一观点,当代信奉"长期投资能成功"的杰里米·西格尔博士在著作《股市长线法宝》(*Stocks for the Long Run*)㊀中也有类似论述,两本书的书名也大同小异,与当今主张指数投资的股票分析师的常识性理解也颇为相通。史密斯的主张被当时的投资家广泛接受,成为股市震荡之前在牛市进行股票投资的核心理论支撑。凯恩斯阅读了史密斯的著作,也十分拥护其"股票有优势"的观点,认为"与债券相比,股票的留存收益产生的复利效应'会达到惊人的规模'"。基于这本书的成功,史密斯创立了自己的长期投资运作公司,但后来也遭遇了股市震荡的打击。"即使购入价位较高,后面也一定会有翻盘的机会"——这个说法固然不假,但是对于寿命有限的人类来说,不过是一个虚无缥缈的事实。对于日本泡沫经济时期购买指数基金的投资家来说,亦不例外。

证券公司拥有一战中购买自由公债的 1100 万位顾客的名单。美国民众也早已不认为投资于一纸票据有何不妥。据推算,1928 年持有股票者达 300 万人。大多数工薪阶层都持有自己所在公司的股票,与日本的持股协会一样。与汽车、家电的分期付款相类似,股市中也出现了名为"保证金贷款"的信用制度,即可以借款购买股票,并普及至普通

㊀ 本书已由机械工业出版社出版。——译者注

投资者。一战之前,进行信用交易的人尚属罕见,但到了泡沫经济鼎盛的 1929 年,信用交易总额已经达到股票市值总额的 18%。想来,像《白色圣诞》的词曲作家欧文·柏林这样的投资者大有人在。无论是股票投资,还是对企业盈利前景大有贡献的家电、汽车的旺盛消费,其基础都是"借款"。

美国第一家现代信托投资公司是成立于 1889 年的纽约信托公司。1920 年后已经设立了数十只基金,1927 年信托投资公司达到 160 家,1928 年超过 320 家,仅 1929 年这一年,就有 265 家信托投资公司成立。当时的信托投资公司主要是利用"金融杠杆"(利用借款进行超过原始资金金额的投资)来运作基金,投资家再通过保证金交易借钱购买这些基金。

产生泡沫经济的原因有很多,在这里无法一一详述。而这些原因对于我们来说绝不陌生。20 世纪 80 年代日本的泡沫经济、2008 年全球金融危机,以及之前发生的泡沫事件,虽然不能说完全雷同,但是消费者和市场参与者对于未来过于乐观,以及据此信念而依靠"杠杆交易"来扩大消费和投资的情况,却是千古一辙。

证券市场经常引证黑格尔在《历史哲学》中的论述:"经验和历史所昭示我们的,却是各民族和各政府没有从历史方面学到什么,也没有根据历史上演绎出来的法则行事。"

虽然股市震荡已经成为遥远的历史，而股价暴跌之后的恢复时间值得我们关注。但是颇为不可思议的是，这一点似乎并未得到充分的重视与理解。正如埃德加·劳伦斯·史密斯所言，股价确实（迟早）会恢复，但是如图11-5所示，道琼斯指数恢复到较高水准花费了近25年。而且期间物价一直在上涨，需要将物价因素也纳入考量。那么究其实质，如果以消费者物价为基础，将通货膨胀率也算入道琼斯指数，可以看出，道琼斯指数是在30年之后才回到以前的水准，实际回升则要等到50年之后，也就是20世纪80年代后半期了。

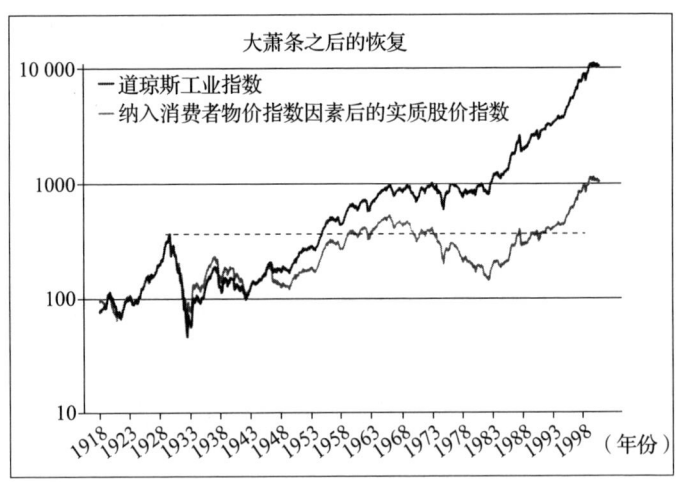

图11-5　道琼斯工业指数

资料来源：Federal Reserve Bank of St. Louis.

说起金融史，泡沫经济一定是永恒的热门话题。人们希望探究股市暴跌的原委，以避免再次发生泡沫和股市震荡，因此看到的、寻找的都是失败之处。但是，让我们换一个角度去思考，假如没有"咆哮的20年代"，那么人们向往和憧憬的有私车、家电、郊外别墅的"美国梦"，还能否这么早就成为现实呢？可以说，建立在"借款"基础上的"杠杆交易"加快了人们实现幸福梦想的步伐。当然仅就美国经济本身来说，如果没有发生泡沫经济，便不会导致大萧条时期的到来。

第四十九回

皮科拉听证会与《格拉斯－斯蒂格尔法案》

　　1932年的美国，与"咆哮的20年代"的鼎盛时期相比，GNP（国民生产总值）降至60%，股价跌至1/10，失业率达到了25%。在此背景下，为了厘清走向萧条的原委，探明股市震荡的原因，货币银行委员会展开了调查，并召集华尔街巨头举行了听证会。其中，特别是关于股票交易和投资者利益相悖的听证会，由费迪南德·皮科拉主持，所以此次调查被称为"皮科拉听证会"。在日本，20世纪90年代末期，北海道拓殖银行和日本长期信用银行宣告破产，当时也曾进行过著名的日本版皮科拉听证会，不过并没有像美国那样追究检证、彻查责任。

皮科拉听证会通过与华尔街巨头的交锋，向国民揭露了金融界的内幕。自《梧桐树协议》签订以来，证券交易一直被置于金融业界的自主运作之下，而在听证会上，达成了需要对证券交易加以管制的共识。1933 年，在美国陷入银行危机，银行纷纷停业之时，接任胡佛当选美国总统的是民主党人富兰克林·罗斯福。除了众所周知的名言"我们唯一应该恐惧的就是恐惧本身"之外，罗斯福总统还说过这样一句话：

"兑换商已经从文明的神殿落荒而逃。现在是重建神殿的时候了。"

他根据源于古希腊文明的道德观念，将华尔街的商人贬称为形象恶劣的"兑换商"，并开始了对金融业界的管制。

1933 年美国颁布的《银行法》——通称《格拉斯－斯蒂格尔法案》，将银行业与证券业严格划分开来。该法案禁止银行控股公司拥有其他金融机构，禁止商业银行在证券市场的收益超过 10%。实际上在此之前，原则上商业银行已经不能涉及股票及证券业务，但是各个银行都采取了设立证券业务子公司的对策。由于一战时需要借助发行债券来筹措军费，因此政府对这一事实未加理睬。这项"银证分离"的法案不仅控制了日后的华尔街，也对日本战后的金融管理产生了影响。

此外，该法案还对存款利息进行了规定，同时决定成立"联邦存款保险公司"（FDIC）。

以当时华尔街的最大企业 J.P. 摩根公司为例，如果选择从事投资银行（证券公司）业务，每年就必须向 SEC（证券交易委员会）提交年度报告，于是摩根主体仍然维持商人银行的业务，公司拆分为 JP 摩根银行和摩根士丹利证券公司。此前，JP 摩根公司自成立以来从未将年度报告公之于众。

光阴流转，曾经的教训逐渐被遗忘，基于股市震荡的痛定思痛而产生的美国银证分离制度也走到了尽头。1999 年通过的《格雷姆 – 里奇 – 比利雷法》(《金融服务现代化法案》)宣布废除银证分离。罗斯福理想中的"文明的神殿"又一次被"兑换商"充斥，其后果之一就是 2008 年的全球金融危机。

《金融狂潮简史》的作者约翰·肯尼思·加尔布雷思在 1990 年就写道：

> "在人类的诸多职业领域中，金融业是最不尊重历史的。"

其实，包括经营者、银行家、销售人员以及股票分析师、基金管理人在内，金融业的相关人士都在强调历史的重要性，我想这一点其他行业恐怕也难以企及。但是，重新崛起的金融巨头过于强大，某一家企业的倒闭都可能给经济社会带来严重影响，因此即使受到了金融危机的冲击，这些巨头企业却"大而不倒"（too big to fail）。这是金融行业面临的一个新问题。

证券方面，1933年通过的《证券法》规定，证券发行企业有义务公开本企业的申报和财务内容。这项规定之前已有商议，只是当时并未实现。1933年的《证券法》规定的是证券发行市场的相关规则，与之相对应，1934年通过的《证券交易法》则是关于证券流通市场的法案。其中，最为重要的决定当属美国证券交易委员会（SEC: U.S. Securities and Exchange Commission）的设立。其英文缩写"SEC"中的"S: Securities"，即指1933年的《证券法》，"E: Exchange"则指代1934年的《证券交易法》。此后，一直在金融自治体的管理之下进行自主经营的证券交易业者，都必须在SEC登记，接受国家的监管。

在公司治理领域，美国法学家阿道夫·伯利和经济学家加德纳·米恩斯于1932年共著出版了《现代公司与私有财产》，书中论述了所有者和经营者的分离。这本书对证券相关法案的制定产生了重大影响。

一战之后，美国的股票持有者结构发生了变化，从数名大银行家扩大到高达300万人的投资者队伍。而公司的经营则委托给了没有持股的代理人，他们与委托方——股东的利益并不一致，因此经营者很有可能为图私利铤而走险。亚当·斯密曾经提出的"代理问题"成了严峻的现实。

基于伯利和米恩斯的研究，在《1933年证券法》和《1934年证券交易法》中，明确规定了经营者对股东的汇报义务，以及董事的受委托方责任。直到现在，美国证券交易委员会官方网站的企业财务信息公示系统"EDGAR（Electronic Data Gathering, Analysis, and Retrieval System）"㊀还明确标注了法律依据：据《1934年证券交易法》。而日本的"基于金融商品交易法的有价证券报告等公示文件的电子公示系统"（EDINET），就是效仿美国建立的制度。

之后的1938年，作为金融业界的自治组织，美国证券商协会（NASD）成立。1939年的信托契约法规定了债券发行时的证书格式。除此之外，1940年还通过了《投资公司法》《投资顾问法》等。这一时期制定完善了金融领域的各项法律，基于这些法律，现代金融行业得以重建。

㊀ 电子化数据收集、分析及检索系统。——译者注

第十二章

二战前后的日本金融市场

第五十回

一战前的股票指数

江户时代的日本虽然处于闭关锁国的状态,却有着独特发达的金融体系。现代意义上的有价证券最早出现在1870年(明治3年),名为"九分利英镑公债",年利9%,13年期。发行目的是筹集进口资材所需的外汇。由于当时的日本并不具备完善的货币制度和相关法律,无法发行内债,只能在伦敦市场以英镑计价发行国债。筹集的资金用于新桥—横滨之间的铁路建设,此国债的发行规模为100万英镑,以本国的关税作为担保。承担发行业务的是英国的商人银行——施罗德商会。1873年,日本第一国立银行以股份公司的形式成立。5年后,政府制定了股票交易所条例,股票交易所随之成立。

30年后的1904年，日俄战争爆发，此时东京股票交易所的主要股票品种，除了日本邮船、日本钟纺、东京瓦斯、日本电灯（电力）之外，绝大多数都是铁路股票。这与当时的伦敦、纽约情况相同。但是，1907年，出于国防安全的考虑，进一步来说是军部担心海外资本的收购，日本政府将主要铁路公司收归国有，并将其撤离股市。其时日本正值日俄战争后的创业热潮，现存的不少大型企业都是这一时期创办的，可是由于铁路股票退市，投资对象减少，资金都流向了定期存款业务。

此时，美国的道琼斯公司已经开始了道琼斯工业指数以及铁路业指数的计算。而日本还没有能够呈现股市整体动向的股票指数，人们将东股（东京股票交易所股）或大股（大阪股票交易所股）等交易所股票作为指标，来预测市场走势。

上述预测方式的推理逻辑是：股市行情上涨，成交额就会增加，那么交易所的营业额就会提高，利润随之增长，因此交易所股票也会受到青睐。也正因为如此，沽空交易所股票也是应对整个股市风险的一种对冲方法（作为股价下跌时的保障）。当时无论在大阪还是东京，提到股票市场的代表品种，毫无疑问就是交易所股票。

进入大正年间[一]，日本银行、东洋经济新报社等机构开

[一] 日本大正时代为1912至1926年。——译者注

始了自己的股指计算。其中，东洋经济指数以91只股票作为成份股，以1913年（大正2年）的月平均股价作为基数100进行计算，这一指数计算一直持续到1932年中期。由于它详细划分为15个业种，因此也可用于考察各行业的发展趋势。但是，据《日本证券史资料》战前篇第七卷记载，包括东洋经济指数在内，当时股指的认知度普遍较低，因此1927年国际联盟总部向日本提出了要求："提交本国产业统计的指标之———股票指数"。由于当时日本并没有国际公认的股指，开发股票指数成为当务之急。

在此背景下，东京股票交易所委托早稻田大学统计学家小林新开发了"东京股票交易所大指数"。该指数由181只成份股构成，后来经修订增至216只，以1921年的平均股价为基数100进行计算，一直持续使用到1944年12月。据推测，之后的日经平均指数的成份股为225只，是借鉴了该指数成份股的数量。

随着二战结束，日本的证券交易所关闭，在重新恢复营业之前，只能进行场外交易。这期间采用的指数是"东证综合指数"，从1946年1月计算到1949年5月。

从1949年5月证券交易所恢复营业至今，最初采用的是日经道琼斯平均指数，后来演变为现在的日经平均指数。另外东证股价指数——TOPIX指数从1969年7月开始计算。

图12-1中对比显示了一战中的1916年到纽约股市震荡

之后的 1932 年期间，东洋经济指数与美国道琼斯工业指数的变化曲线。

图 12-1　东洋经济指数与美国道琼斯工业指数
资料来源：日本证券交易所月报以及 FRED。

分析图表，我们可以得出以下几个结论：①日本由于一战的战争特需，市场涨势明显，而之后的反作用力也较大，直到昭和（1926—1989 年）初期，股市持续低迷；②股市崩盘之后，虽然发生了关东大地震，但是由于股票市场已经处于低点，因此行情并没有受到太大影响；③日本股票并没能借助美国"咆哮的 20 年代"的东风获得反弹。也因此，在之后的股市震荡中，相比于美国的暴跌，日本股价的下落更为平稳。通过股价指数的变动可以看出，这个时代，世道并不太平。

第五十一回

二战前的美元日元汇率

1871年（明治4年）颁布的新货币条例规定，1日元兑换1.5克黄金。如果以黄金作为基准来换算，当时，1美元相当于约1.003日元。看起来似乎是日元在附就美元。不过，历史学家东野治之先生在《货币的日本史》中指出，新货币条例中确定的日元与黄金的兑换比率，应该是沿袭了江户末年流通的万延二分金（1两金币的一半）的比率，1日元是1两金币。而此后在贸易流通中使用的货币，是同期发行的1日元单位的银币。这种银币是本书第二十一回"美元的起源"中提到的墨西哥银元的日本版。1882年日本银行成立后发行了兑换纸币，其兑换对象也是这种1日元银币。

因此，虽然日本在新货币条例中是基于黄金来确定日元价值的，但实行的却是金银复本位制，实质上是银本位制。到19世纪末期，各发达国家都先后采取了金本位制，金银比价拉大（黄金升值）。1897年日本借着甲午战争的赔款重新确立起金本位制，此时，白银对应黄金的价值比例已经降至新货币条例颁布时的一半。因此当时的日元汇率也随之跌至1美元兑换两日元。

日俄战争之后，在一战期间，日本也效仿其他各国暂时放弃了金本位制。各国停止实行金本位制的原因在于，在战争期间，如果继续使用黄金维持货币的发行量，则无法支撑军费开支。

一战结束后的1919年，美国立即重新采用了金本位制，其他各国也在努力恢复。日本虽然也试图迅速重建金本位制，但是1923年发生了关东大地震，紧接着又爆发了发端于银行问题的昭和金融危机，导致金本位制的恢复严重滞后。

对于日本而言，通过恢复金本位制稳定汇率，不仅关系到作为一个发达国家的尊严（金本位精神），另一方面，也是出于"清算主义"的观点，希望能够淘汰掉影响经济发展的劣质企业（现在常说的僵尸企业）——这种做法从现在的观点来看有些粗暴。金本位制度的恢复被看作解决昭和金融危机以后所有问题的万应灵丹。其实当时，对于恢复金本位制,赞成方和反对方各执一词,而大藏大臣㊀井上准之助是态度坚定的赞成派,民众及媒体也起了不小的推动作用。[24]

但是,当时很多国家尚未恢复金本位制,日本以1美元兑换两日元的汇率条件恢复金本位制,与当时的日本国力并不匹配,有些勉强(日元偏高)。加之纽约股市震荡刚刚爆发,事后看来,这一决定过于鲁莽了。结果,外汇投机者发现,和日元挂钩的日本黄金价格较为便宜,导致继江户末年之后黄金再次大量外流。1930年和1931年,日本发行了近2000万枚金币,但大部分都流向海外并被重铸,因此残存的金币因罕有而具有相当高的溢价。

大约两年后,在高桥是清大藏大臣的主张下,日本重新废止了金本位制(禁止黄金出口)。日元也因此急剧贬值,1931年12月,1美元兑换2.025日元,到1933年1月则跌至1美元兑换4.734日元。高桥大藏大臣采取了包括收购日本银行在内的一系列积极财政政策,使日本经济得以复苏,这段历史近来颇受瞩目,而在当时,日元大幅度贬值。在其他国家看来,这是日本采取的以邻为壑的转嫁危机政策,利用日元贬值增加出口。在经历了大起大落之后,日元汇率最终稳定在1美元兑换3.5日元左右,也正是在这个时候,二战爆发了,如图12-2所示。

㊀ 大藏省是2001年以前日本统辖国家财政和金融行政的中央行政机关,长官为大藏大臣。2001年省厅改革改称财务省。——译者注

图 12-2　二战前美元日元汇率的变迁

资料来源：日本银行金融研究所统计　外国汇率市场·横滨正金银行电汇卖出汇率（1912—1941）。

二战前的美国政府相关美日外交文件，大部分都在二战结束后的第二年解密，而与金融经济相关的文献直到 1996 年才对外公开。此外，美国联邦储备委员会（FRB）的"外国政府评价活动"的有关记录，也是在 1996 年解密的。日俄战争之后，日本迟迟不愿开放伪满洲地区的门户，对此，美国拟定了针对日本的"橙色计划"，以备对日开战。其中也包括对日实施金融封锁的战略。基于上述资料，历史学家爱德华·米勒在 Bankrupting the Enemy 一书中，分析了战前日本黄金储备的状况。

日本资源匮乏，为了备战需要大量进口资源，而进口又需要大量的关键货币——美元。爱德华·米勒在书中详细分析道,当时日本的美元来源,几乎全部依靠向美国出口女用长筒袜的生产原料丝绸(此时还没有进口需用外币结算的原材料)。但由于1939年尼龙长筒袜的发明,日本便失去了赚取美元的渠道。

事实上,即使美国没有详细规定禁止出口日本的产品,只要冻结日本在美国的美元资产,使之难以获得结算货币美元,那么,日本拥有再多的黄金也购买不了任何东西。美国对日本实行金融封锁之后的1941年7月,美元日元的官方兑换市场消失,据说此后,上海黑市的汇率达到1美元兑换8到9日元。

第五十二回

二战与东京股票市场

　　日本虽然停止了日元纸币与黄金的兑换，但是在进口贸易中对外支付时，还是需要使用黄金的标价货币——美元。1934年，美国将黄金美元比由1盎司黄金兑换20.67美元下调至1盎司黄金兑换35美元，此后直到二战后的1971年尼克松总统宣布停止美元和黄金的兑换为止，美元作为关键货币一直保持着这一汇率。

　　1936年的二二六事件中，高桥大藏大臣遭到暗杀，此后日本大幅增加军事预算，并于第二年发动了卢沟桥事变，侵华战争打响。在战争中，石油、铁矿石等天然能源必不可少，另外，当时日本在高精度机床等技术方面也无法与欧美匹敌，这些战略物资的进口都需要作为关键货币的美元。

战时，日本政府发布了金属回收令，寺院的大钟、井盖乃至居民厨房中的金属水池都被要求上交，全国各地的钢索铁路也作为不急需之物，线路被撤除，铁轨被回收。当时日本政府打算利用这些回收来的废铁制造军舰。

与此同时，由报社等机构发起组织的民间捐献活动也开展起来，民众自主捐出了硬币、戒指、钟表、宝石等。1939年6月，《内外商业新报》刊登了社论，内容是对国民的黄金等贵重品持有状况进行的国情调查。

民间的捐献活动也并非无偿，国家使用日元支付了相应报酬。当时对于日本来说，需要的是能够兑换成美元的黄金，而日元纸币只要印刷即可。英国在1941年也曾采取过类似的做法。在美国出台武器《租借法案》之前，英国无法获得无偿援助，从美国进口物资必须支付美元。因此，政府便以英镑计价证券，从国内投资者手中购入美元计价证券，并在美国市场上售出，从而置换出美元。

日本资源匮乏，石油、铁屑、稀有金属等战略物资几乎全部依赖从美国的进口，按理说同美国开战是不可想象的。

然而，日本此时的盟友——纳粹德国正在欧洲大陆逐步实现自给自足经济，受其影响，日本也意图依靠印度尼西亚的石油资源以及包括中国大陆在内的东亚地区建立"大日本帝国"的自给自足经济。但这一举动却招致了美国的经济制裁,而美国制裁又迫使日本不得不建立起自给自足经济。如此陷入因果循环,最终诉诸战争。1941年7月,日本侵占了法属中南半岛的南部地区,于是美国彻底冻结了日本在美金融资产。

纽约外汇市场停止了日元的交易,美国联邦储蓄系统也关闭了对日本的黄金美元兑换窗口。这样一来,日本即使持有黄金也不能兑换成美元,无法进行石油等战略物资的购买结算。虽然日本大藏大臣宣称将利用美元计价外债维持美元利息支付,但是,日本帝国的外债无人问津,价格跌落至票面的20%～30%。在无法进行外汇交易的情况下,日本只有屈从于美英,或对外掠夺,除此之外已走投无路。

日本对美作战初期,随着偷袭珍珠港、占领中国香港、新加坡的成功,东京股票市场出现了上扬趋势,如图12-3所示。由于股价涨势过猛,政府出台了相关的抑制政策,甚至通过提高保证金率来限制信用交易。

1942年2月,日军对巨港进行空降作战,在几乎没有损失的情况下占领了苏门答腊岛的油田地带,至此,"大东亚共荣圈"似乎已见雏形。由于日军捷报频传,兜町⊖中甚至有人开始真心认为,东京市场将成为"大东亚共荣圈"的金融中心,像美国纽约和英国伦敦那样繁荣兴盛。更有甚

⊖ 兜町是日本具有代表性的证券街,也指代东京证券交易所。——译者注

者，认为日军占领澳大利亚已无悬念，竟然开始考虑移民。但是，日本在战争中的优势仅仅保持了半年左右，1942年6月以中途岛海战的败北为转折点，日本海军完全陷于守势。然而，国民并不知道战争的失利，直到1942年12月日本《证券交易法》大纲发布之前，股市一直持续走高。

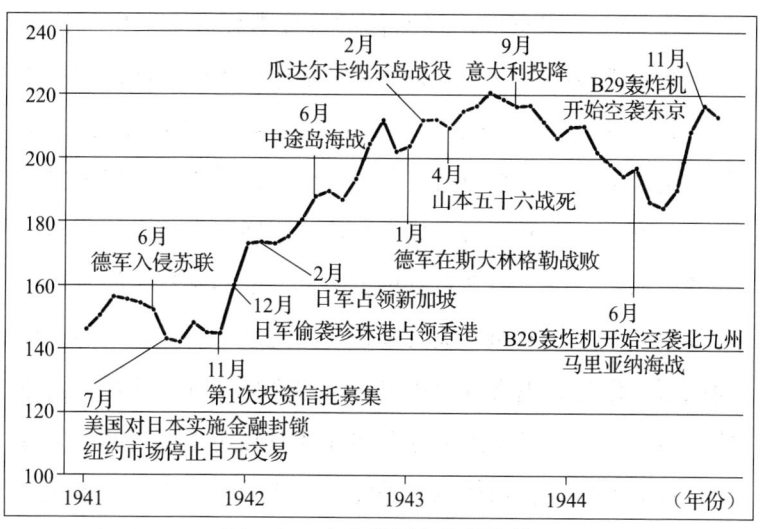

图12-3 东京股票交易所指数

资料来源：野村证券50年史；东京股票交易所统计年报。

1943年颁布的日本《证券交易法》，是以加强金融市场的管理为目的，实现全国证券交易所国有化的法律。该法律实施后，日本证券市场开市以来的代表品种、兜町的象征——东京股票交易所的股票"东股"，只能在人们的留恋声中退市。

据长谷川光郎氏著《兜町盛衰记》记载，从这时开始，兜町的人们已经不再相信大本营发布的信息。1943年，政府将商工省和企画院整合㊀，设置了军需省，并针对民间企业制定了《军需企业法》，将重要产业的企业指定为"军需企业"，给予企业最高管理者以公务员资格。企业员工为国家征用，按照法律规定，不能随意辞职。

在统计学家有泽广巳监修的《日本证券史》中，记录了这样一则逸闻：以战争为契机，证券事务的管理权责从商工省返回大藏省。根据明治7年（1874年）颁布的股票交易条例，证券事务管理由大藏省负责，之后该权责转至农商务省、商工省，最后以二战为契机又返回了大藏省。证券交易颇似赌博行为，似乎总有重重内幕，证券交易所的改革是行政管理中一直悬而未决的难题。因此也有人为改革的成功而欣喜。但是，纵观世界历史，证券交易所唯有获得自由才能发展。另外，日本的证券公司在战时经历了反复的合并重组，战后的四大公司体制也是此时形成的。其实，日本战后的体制大多是战时体制的延续，这一点在山一证券倒闭前的日本证券业也不例外。

观察股价图可知，在日本的城市和工业区因空袭成为废墟，年轻人都被征兵的情况下，日本的股价却依然保持坚挺。当然，因为经济管制，用日元是买不到任何东西的，因此这不过是画饼充饥罢了。

㊀ 商工省为日本通商产业省的前身，企画院为第二次世界大战时期直属于首相的负责经济计划与实施的政府机构。——译者注

第五十三回

二战前日本的投资信托

在桂米朝的上方落语㊀《持参金》的引子中，有一段二战中的小故事。段子的开头是："说起昭和十三、十四年（1938、1939年），政府哗哗地印钞票啊"。然后讲到，当时即使是经验丰富的手艺人，每个月工钱也只有85、90日元左右，拿不到100日元，所以生活在大杂院的人从来没有见过100日元的纸币。而一对手艺人夫妇的儿子接受战争动员去工厂做工，获得了奖金，竟然拿回一张100日元的

㊀ 落语是日本的传统曲艺形式之一，其表演形式和内容都与中国的传统单口相声相似。上方落语是在京都、大阪创作的落语。桂米朝（1925—2015年）是日本关西落语界泰斗，被认定为"人间国宝"，也是日本演艺界首位获得文化勋章的艺人。——译者注

钞票。手艺人夫妇感叹不已，这动静被一墙之隔的邻居老奶奶听到，便手持念珠上门请求观瞻。老奶奶看过之后说要给其他人也开开眼，结果纸币在大杂院里被传看了一圈，再次回到手艺人夫妇手里的时候，100日元钞票的背面盖满了"已阅"的印章。于是落语演员抖出了包袱："这又不是传阅板⊖"。通过这个段子可以看出，二战时期日本虽然物资短缺，但是钱倒是很充裕。《持参金》这则落语，原本就是在讽刺当时只有钱在社会上转来转去，而经济状况却很糟糕。

接下来的话题略偏向书本知识。关于投资信托的起源，一个比较可信的说法认为是1868年英国的"Foreign and Colonial Government Trust"（海外及殖民地政府信托基金）。这只基金以海外及殖民地投资为目的，将原本由富人独占的海外投资机会，分散给普通民众进行小额投资。伦敦市场至今仍在进行此基金的交易。

另外，1873年罗伯特·富莱明创立的"Scottish American Investment Trust"（苏格兰美洲信托）被认为是现代投资信托的基石。其运作模式是，以银行作为受托人，而将资产保全委托给第三方，从而降低了资产管理者进行不端行为的风险。进行股票买卖的人并不负责保管资金，而资金余额则由其他的可靠人士计算。近年来发生的有关巨额证券的丑闻，

⊖ 传阅板是日本社区用来传递信息的方式，一般为A4左右的文件夹板，将通知、传单等夹在夹板上进行传阅，已阅读过的居民需要签字或盖章。——译者注

比如美国的麦道夫事件（2008年），日本的AIJ事件（2012年），都是因为欠缺了这一基本保障而导致的投资诈骗。1921年，美国设立了公司型基金"International Securities Trust of America"（美国国际证券信托基金），其特征是基金本身就是股份公司，通过公开企业信息，为基金交易提供便利。

在二战的背景下探讨投资信托的话题，是因为日本投资信托的诞生与战争有着莫大的联系。日本在大正中期[一]，就已经数次尝试推出类似信托投资的金融产品。一般认为，1937年藤本票据经纪商（大和证券公司的前身）创立的藤本有价证券投资合作社即为日本投资信托之滥觞，其设立宗旨为"以英国单位信托为蓝本，结合日本国情而设立的证券投资新模式，为本国首创"。此机构从形式上看属于《民法》规定的合作经营组织，与管理资金的信托银行毫无关系。因此后来遭到了信托行业的反对，认为其进行了经营范围之外的近似信托的业务。结果开业不到3年就被大藏省勒令停止募集新的股票及债券。其问题在于，该投资信托既没有《商法》及《信托法》的依据，又没有监管机构。另外，当时证券交易所和证券公司属于商工省管辖，而信托公司则属于大藏省管辖，这也是背景之一。

大藏省在对藤本发出募集限令的同时，还提出了今后在信托公司的业务处理范围内设立投资信托的框架。信托公司

[一] 日本的大正时期为1912至1926年。——译者注

从行业的角度独立进行了投资信托商品化的探索，而以藤本票据经纪商及山一证券为代表的证券业也开始了相关探讨。可就在这千头万绪之时，时局已然紧迫，与美英开战迫在眉睫，国家亟须采取措施兜售国债和持续低迷的股票。此时，有强烈需求的已不是投资家，而是国家。

在这一背景下，集团内拥有信托公司的野村证券从日本当局获得了许可。太平洋战争爆发前20天的1941年（昭和十六年）11月19日，"野村投资信托"进行了第一次资金募集。

这次募集打出的广告词是：理想的投资'野村投资信托'"。据《野村证券股份公司五十年发展史》记载，在筹划阶段，有一条特别约定遭到了质疑——"返还时如果发生了本金损失，则赔偿损失额的20%"。这条特约最后在掌门人野村德七的决断下予以通过。与之相对应，在获利时，野村证券获得收益的10%。这类似于现在的对冲基金，是资金管理方利益参与型基金。

这种投资信托的返还期限分为3年和5年两种，共发行了6次，交易形势盛况空前。或许正如桂米朝师傅的落语所言，可供购买的物品一无所有，人们手中只剩下钱了。1942年8月，山一、小池、藤本、川岛屋（现在为日兴）、共同证券等竞争对手也仿效野村证券，开始了投资信托的资金募集，销售情况也十分理想。

投资信托的销售在二战结束的1945年仍在进行，即使在发生东京大轰炸的3、4、5月前后，仍有新产品上市。人们在町内会^㊀分配购买份额。进入6月后，投资信托的销售开始停滞。总之，截至二战结束，日本共设立了135组投资信托，总额达5.885亿日元，购买了战时债券及股票的投资者共计156万人次。

野村证券在二战结束前偿还的投资信托只有1只，从面值上来看除本金外还是有额外收益的。其余的投资信托因战后社会混乱而延期偿还，在通货膨胀十分严重的昭和二十四年至二十五年间（1949—1950年），以与本金大致相当的水平分别进行了偿还。虽然政府成功地招募了135万投资者参与投资信托，但是，没有价值的钱最终还是百无一用。关于战前投资信托的这段历史，似乎不太为人所知。

㊀ 类似于我国的小区居委会、街道办公室。——译者注

第五十四回

废墟上的两次股票热潮

据《兜町盛衰记》记载，战时人们并不认为证券业是一个正经行业。而且因战争需要，40岁以上的预备役少尉都已应征入伍，男人们纷纷上了前线。兜町的工作人员只剩下老年人和女性，甚至连往返于交易所和店面的传信员都多为年过花甲的老人。因此，一些有远见的经营者感到，仅靠证券业或难以为继，因此同时挂出了矿山开采、军需生产等副业招牌。

1945年（昭和二十年），东京的空袭日益严重，证券市场经常休市，终于，8月10日东京股票交易所暂时关闭。

不过，随着战争的终结，兜町在人们还未走出战争阴影时就率先做出了反应。8月15日战争结束，8月23日，交易所就对10日关闭前尚未交割完毕的业务进行了精算。之后，业者之间的场外股票交易便开始了。

当时的热门股票，从战时的军需股转变为象征和平的电影股和商场股，恐怕有一些人摆出内行的派头，宣传了和平产业股票的看涨观点。兜町重新焕发了生机。9月26日，相关部门在与大藏省协商后，决定于10月1日恢复东京股票交易所的营业，却未能得到驻日盟军总司令（GHQ）的认可。GHQ认为，以期货交易为主的日本股市投机性过重，不同意在维持原状的情况下复市。无奈之下，业者们只能放弃对重开交易所的期待，开始了街头交易，后来又利用交易所旁边日证会馆的一层和二层，进行场外交易和集体交易。

1946年2月17日，作为"经济危机紧急对策"的一环，"金融紧急措施令"颁布。俗称"日元改新""冻结存款"，小泉内阁期间，人们曾猜测，为了缓解财政赤字，此措施可能会被重新启用，并引发热议——当然此猜测成为现实的可能性几乎为零。不过从目前日本政府的债务状况来看，这一话题有可能再次成为人们的关注热点。

"金融紧急措施令"规定，面值10日元（最初是5日元）以上的日币纸钞在3月2日以后作废。为避免损失，人们只得将现金存入银行，否则手中的纸币将成为毫无价值的废纸。存款后，每人每月能够从银行取出一定金额的"新日元"作为生活费，而政府则通过这样的手段冻结了国民的存款，并从中征收财产税，用以偿还战时不断膨胀的国家债务。同时，政府还希望，通过将已发行的旧纸币置换为限量发行的新日元，来抑制通货膨胀。然而，新日元的印刷不敷所用，因此只能使用旧纸币贴上标签以临时应急。

在旧纸币失效前的黑市上，形成了以"旧日元"和"新日元"计算的两种物价。而这一法令在颁布之初就存在很多漏洞，比如驻日盟军士兵兑换新日元并没有金额限制等等。[25]另一方面，由于国民的现金都存入了银行，股票市场极度萧条。对此，经多次请愿，当年2月23日《大藏省三十五号告示》出台，规定股票交易实行许可制度，特许国民可以从账户中取款进行股票交易。其实，如前所述，当时交易所尚未恢复营业，只能进行场外交易。然而，请愿活动能够奏效，说明当时进行股票交易的人为数不少。

虽然取出"新日元"受到严格的限制，但是买入股票再将其卖出，"新日元"就可以轻松到手了。这可以说是披着合法外衣的"洗钱"行为。特别是新发行的公募股票采取统一认可制度，与现有股票品种采取的个别认可制度相比，手续更加简单，颇受青睐。

5月15日，以新日本兴业股票为开端，食品、铁路、兴业商场等股票开始募集资金，这就是战后的第一次股票热潮。在交易所仍未开放的废墟上，公开募股热火朝天地进行着。不过这次股票热潮，股民的目的并非投资，而是通过买进再卖出获得"新日元"，因此，期间股票指数并没有明显上涨。到 8 月 10 日《大藏省三十五号告示》的特许废除之前，股票交易非常繁荣。另外，市场上还形成了两种不同的价格体系——旧纸币（取自银行存款）价格和"新日元"价格。

《大藏省三十五号告示》的特许同样适用于不动产的购买。当时银行之间也尚未联网，如果在多家银行开设户头，则很难限制取款金额。

于是，规矩本分的国民在废墟中承担着偿还战争债务的重担，而在黑市上，也出现了暴发户的身影，他们手持高出政府定额几十倍的新币，任意挥霍。其实事后来看，作为投资应当首选不动产，但当时又有多少人明了此事呢。

第一次股票热潮之后，基于《企业再建整顿法》以及《消除经济实力垄断法案》等法律，各企业开始了内部整顿。另外工人运动也不断扩大，股市暂时失去了往日的活力。但是，1947 年年末开始的证券民主化运动（努力将旧财阀系的股份面向普通投资者进行宣传销售）以及通货膨胀的恶化，为股市带来了转机。

战时的《关于企业分红的禁止限制令》是为了提高国家的生产总量而颁布的。该法令限制企业分红，股东的利益让位于国家的利益。随着限制令的废除,加之通货膨胀日益加剧,股票交易逐步兴盛。想来有不少人通过购买股票来应对通货膨胀。1949年,GHQ宣布交易所复市,另外,道奇计划为实现经济稳定创造了良好氛围。在此背景下,股票交易迎来了第二个热潮——依然是在没有交易所的前提之下,如图12-4所示。

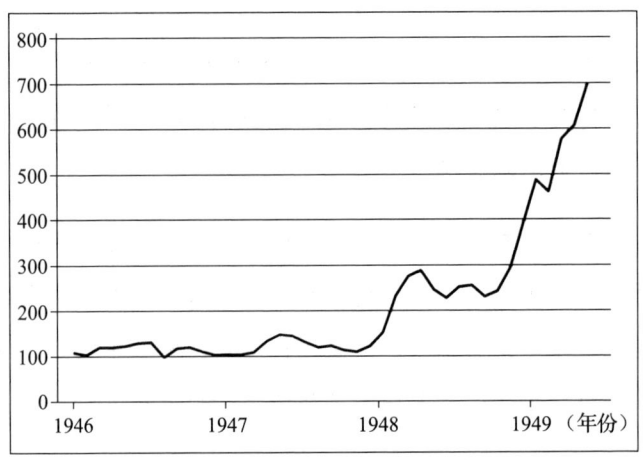

图12-4 东证总指数

资料来源:东京证券业协会10年史。

第十三章

从战后到尼克松冲击

第五十五回

二战与纽约市场

在美国，经历了20世纪30年代的华尔街股市震荡和之后的长期萧条，基于对引发泡沫经济的自由放任政策的反省，政府加大了对经济的干预。不仅美国，世界上大多数国家都出现了经济上的"民族主义"倾向。采取贸易保护主义，构建区域经济，导致经济长期萎靡不振。在经济史研究中，分析经济恐慌与之后的萧条状况，探究经济不景气的原因，是最受关注的一个课题，学界的争论至今经久不衰。有的观点将其归因为货币要素[26]，有的观点关注金本位制引起经济萧条的机制[27]，可谓百家争鸣。经济史学家龙多·卡梅伦认为，造成经济萧条的因素不一而足，是事件与状况的恶性连锁反应导致的。同时他指出，虽然世界霸权已经从英国转移至美国，但是美国对于自己的主导地位态度消极，这也是原因之一。[28]

面对希特勒对外侵略扩张的威胁，英法两国在1938年的《慕尼黑协定》中，以"保证捷克斯洛伐克的新疆界不再受侵犯"为条件，将捷克斯洛伐克的苏台德地区割让给德国。这是尚未走出一战阴影的英法两国为避免战祸而采取的绥靖政策。但是温斯顿·丘吉尔对此提出了严厉批评，认为这是在向希特勒示弱，结果成为二战的一个重要诱因。另外，在他们看来，日本为了建立自给自足经济，领土扩张的野心不断膨胀，也是不稳定分子之一。

对于亲历战争直面疮痍的日本人来说，他们感到意外的是，美国金融史中关于二战期间的记述少之又少，或许这也是受到了经济恐慌及大萧条的影响。当然，有一些研究分析了二战刺激经济恢复的作用以及战时体制，但是关于这一时期的研究论述，最大的课题也就是后来被称为"垄断委员会"的"临时国家经济委员会"（TNEC）。"垄断委员会"受到关注的原因在于其成立背景——虽然根据《格拉斯－斯蒂格尔法案》规定，J.P.摩根银行和摩根士丹利证券已经分离，但是人们怀疑二者暗中串通垄断了证券交易。而J.P.摩根银行卖掉摩根士丹利的优先股，彻底与其划清界限，恰逢日本偷袭珍珠港之际。

美国二战的军费达到了3410亿美元，是一战的10倍。在金融史上，这只是个轻描淡写的叙述，但是在经济史领域，这是一个沉重的数字，美国国民被迫背上了经济统制与重税的负担。二战期间，除了夏威夷等小部分国土外，美国基本没有成为战场，而且战争刺激了经济复苏，缓解了失业问题，女性的就业比率提高，工资上涨。但是，日常用品实施配给制度，战时统制经济限制了汽车、家电等生产，国民赚到的钱无处消费。因此，与日本相同，人们手中的富余资金便流向了银行储蓄或战时国债的购买。即使是在经济增长和通货膨胀的背景下，消费贷款还是从1940年的83亿美元下降到1945年的57亿美元，而具有储蓄性质的生命保险，却从1155亿美元增加至1518亿美元。

二战期间，美国先后发行了7次国债，通过开展募集运动，发售总额达到1850亿美元。与当时日本5亿日元的投资信托总额相比，无疑是天壤之别。美国的战争纪录电影——克林特·伊斯特伍德导演的《父辈的旗帜》，以及以欧洲战略轰炸为主题的《孟菲斯美女号》等，都有战争英雄退役后参加国债募集运动，巡回全国的桥段。

美国在太平洋战争爆发前的1941年夏季，就已经冻结了日本的在美金融资产，封闭了结算。当年12月，日本发动太平洋战争。不久，日本的盟国德国在苏联所向披靡的进攻开始受挫，陷入胶着。

日本海军也在第二年的中途岛战役中惨败，之后逐渐丧失了积极攻势，开战仅半年就转攻为守。自从1940年5月希特勒进攻比荷卢（比利时、荷兰、卢森堡）三国和法国以来，纽约道琼斯指数持续下跌，1942年4月触底。之后虽略有起伏，但直到战争结束整体保持涨势，如图13-1所示。

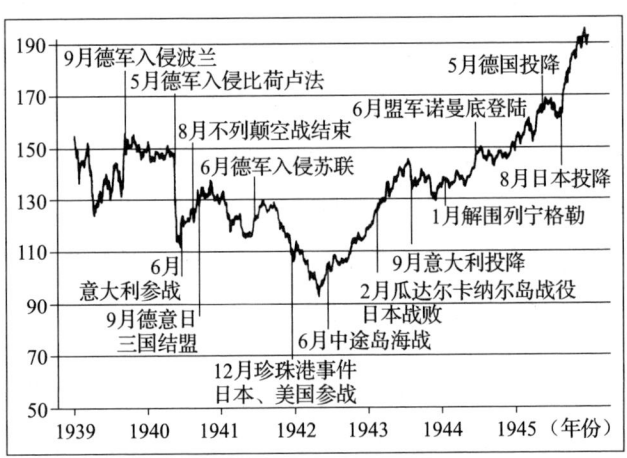

图13-1　道琼斯工业指数

资料来源：Federal Reserve Bank of St. Louis.

日本对美国股市的影响仅限于开战后的4个月内，如果通过股价能够预见未来，美国的金融市场在中途岛战役之前的珊瑚海海战前后，就已经预言了轴心国的败北。华尔街上应征入伍的人也不少，虽然股价在上涨，但是生意冷清，女性临时工的比例越来越大。尽管程度有所不同，但华尔街的景象与日本兜町并无二致。

二战结束时的1945年，美国GDP达到了"咆哮的20

年代"的2倍，税前的法人收益则为1929年的2.5倍。但是1945年末的道琼斯指数却只有192.91点，仅为1929年股市震荡前最高点381.17点的一半左右。美国的广大民众偿还了消费贷款，购买了国债，积累了存款。战后的金融环境非常有利于股市的恢复。但是，由于股市震荡的阴影，人们普遍对股市不信任，加之战后苏联的兴起，以及工人运动的蓬勃发展，在相当一段时间内，美国国民对于股票投资并不积极。

第五十六回

布雷顿森林货币体系与 GATT

笔者手上有一盘名为《通往月球的铁路》(*The Railway to the Moon*)的录像带，是之前在新罕布什尔州的纪念品店里买的。作为一部旅游宣传片，其内容十分与众不同，笔者已经反复观看多次。影片的开始，是一位名叫西尔维斯特·马修的男子在1857年向新罕布什尔州议会提出铺设铁路的申请。但是，议员们听到这个提案却哄堂大笑，他们都认定马修是个疯子，愚不可及。马修打算驱动蒸汽机车登上海拔1917米的华盛顿山的山顶，而不是用缆车和索道。当时，电力机车尚未出现，连电力、电源都是闻所未闻的。

马修致力于修建铁路的所在地，就是后来因货币会议而闻名的布雷顿森林镇（见图13-2）。二战结束前的1944年7月，由44个国家参加的联合国货币金融会议，在华盛顿山麓的华盛顿山酒店召开。与会代表乘坐专列从华盛顿、纽约来到会议酒店。

图13-2　马修致力开通的布雷顿森林的登山铁路

此次会议的目的，是反省20世纪30年代的经济恐慌以及导致经济长期萧条的区域经济体制，恢复并稳定因二战而萎靡不振的世界经济。具体而言就是构筑自由的世界贸易体系，因而，稳定汇率成为会议的重要议题。

英国的与会代表是凯恩斯，美国代表是罗斯福新政的拥护者哈里·德克斯特·怀特——后被疑为苏联间谍。会上（实际是准备会议），凯恩斯提出设置新的国际货币"班科"，作为仅供货币当局之间使用的国际支付手段。但是会议的主导权掌握在二战后一跃成为世界最大债权国的美国手中。美国在 1934 年的《黄金储备法案》中，已将黄金的美元比价从每盎司 20.67 美元调至 35 美元，使美元贬值；此次会议又确立了战后各国货币与美元的固定比率，从而间接实现了金本位制。这次金融财政会议签订了《布雷顿森林协议》，同时决定，成立国际货币基金组织（IMF）和国际复兴开发银行（世界银行 IBRD 的前身），这两个机构至今仍在各种国际事务中发挥着重要作用。

在一战以前稳定的金本位制度下，各国货币均与黄金挂钩，并可以与之兑换。而在布雷顿森林体系下，能够兑换黄金的只有美元，因此，这一体系也被称为"黄金美元本位制"。

布雷顿森林会议召开时，二战尚未结束，因此作为轴心国之一的日本，未能受邀参加会议。日元进入布雷顿森林体系是在 1949 年，与美元的固定汇率确定在 1 美元兑换 360 日元。从当时的日本国力来看，日元的定价水平偏高，但伴随着二战后的复兴，日元和德国马克的地位不断提升，迫使美元贬值。由于在布雷顿森林体系中只有美元与黄金挂钩，如果美国切断了美元与黄金的联系（停止兑换），全球货币体系将会崩塌。1971 年，尼克松总统宣布停止美元和黄金的兑换，起初，尼克松总统本人并没有意识到问题的严重性。而实际上，当时不仅美国，整个世界的货币体系都已崩溃。只不过这一事实，只有尼克松总统本人及其亲信知道，就连美国议会都未能获知。

另外一个构筑二战后格局的重要协议于1947年10月在日内瓦签订，即《关税及贸易总协定》（GATT）。协定下调了45 000种产品的缔约国间的关税，形成了二战后的自由贸易体系，成为日后日本和西德复兴的有力支持。

华盛顿山的上山铁路开通已有150年的历史。散布于华盛顿山周围平原上的普通铁路线几乎都已废弃；布雷顿森林体系构建的"黄金美元本位制"也已经成为遥远的历史，只有马修的蒸汽机车，还冒着白烟，行驶在通往华盛顿山顶的陡坡上。

第五十七回

美国的"黄金60年代"和利率革命

在比利·怀尔德执导的名作《公寓春光》中，杰克·莱蒙饰演的巴克斯特是一名保险公司的单身员工，一心想要出人头地。为了巴结上司，他将自己的公寓借给上司用来偷情，结果却意外地发现上司的情妇竟然是自己暗恋的电梯女工。影片中反映的20世纪60年代的美国，正是公司职员春风得意之时。和日本泡沫经济时期一样，公司高层的偷情行为司空见惯。巴克斯特这个角色颇似"家奴"——就是个"公司奴"。剧中的经典一幕便是，借酒浇愁的巴克斯特，用喝过的马提尼酒中穿着牙签的橄榄，摆成了一个圆圈。当时人们相信，就算有诸多不满，只要待在公司里，就一定会有美好的未来。

在《公寓春光》上映后的第二年,怀尔德导演又拍摄了政治讽刺喜剧片《玉女风流》。这次的主演是詹姆斯·卡格尼,他扮演的男主人公是可口可乐西柏林分公司的经理,一位超级工作狂,在柏林墙修建之前,利用美人计费尽心思要将可口可乐卖到东德。剧中,主人公的妻子是一个对家庭要求很高的美国女性,但是对于拼命工作的丈夫还是表示了理解。

在这个时代,以强大稳定的货币作为后盾,美国产品热销全球,甚至被揶揄为"可口可乐帝国主义"。与泡沫经济时期的日本具有颇多共同点。

二战后的美国股市,由于对通货膨胀的顾虑,一直未见起色。1953年,连续执政5届的民主党下台,艾森豪威尔当选美国第34届总统,道琼斯指数从250点左右一路升至1966年2月9日的995.15点,连续15年保持牛市。就像刚才提到的可口可乐西柏林分公司一样,在布雷顿森林体系下,美元成为霸权货币,以此为依托,美国企业开始向全世界进军。与"咆哮的20年代"相对应,这一时期被称为"黄金60年代"。

战争中的国债促销宣传活动,扩大了证券持有者的范围。随着电视的发明、宇宙开发等新科技的出现,这些投资者手中的储蓄潮水般涌入股市。骨髓灰质炎疫苗、速冻食品、塑料唱片等，这一时期利用新技术开发新产品的企业，都收获了前所未有的高利润、高收益。从战场上返回家乡的年轻人，在20世纪50年代，结婚成家，在郊外置业，购买了家电和家用汽车。

证券业也积极开展了市场营销，查尔斯·梅里尔的证券公司（美林证券）聘用了大批证券分析师，对作为潜在客户的投资者免费发放调查分析报告。另外，在这一时期，相当于日本证券投资信托的"共同基金"（开放式基金）也迅速成长。在美国证券业，历来有这样一个说法："共同基金是卖（销售）的，而不是买的。"这也是对销售人员的一句训示，提示他们，投资信托不要指望投资者自己前来购买，而是需要证券公司上门去销售。1950年共同基金的资产总额为25亿美元，1970年升至600亿美元。销售人员手持印刷精美的资料四处走访，赚取提成。顺带一提，只有美林证券公司为了避免因提成制而导致的强制营销，实行的是固定工资制度，并以此作为公司卖点。

1950年，通用汽车公司提议为本公司的工人建立一个编入普通股份的养老基金。之后众多企业纷纷效仿，共设计了8000个养老金计划。此前，因顾虑风险，养老金一般不会用于投资股票。美国教师退休基金会（TIAA）为了满足会员对股票投资的需求，设立了著名的"教师退休基金"（College Retirement Equities Fund，CREF），将股票投资纳入基金。如今，基金会拥有成熟先进的投资服务。另外，1957年纽约州废除了个人信托资产中35%的股票持有上限。于是，国民个人资产中股票所占的比重越来越大。在此背景下，"速利基金"闪亮登场（其亮点并非在于业绩，而是在于表现）。从基金名称来看就颇不牢靠。进入20世纪70年代后，股市行情萧条，但是IBM、施乐等50种股票依然购者云集，证券经理也坚信它们是优质成长股，这些股票与其他一些走势低迷的股票形成了当时的双重行情，也被称为"最佳50行市"。

在此时期，还发生了"利率革命"，这一现象对于现代股票市场依然具有影响。

股票自诞生之日起，就因为投资收益不稳定，需要制定比债券更高的利率。而投资者逐渐认识到，如果长期保有股票，就可以获得成长收益。因此，在这一时期，股票与债券的利率走势发生了逆转现象。而50年后的2012年，二者利率再次呈现逆转趋势，长期债券的收益率在持续走低，而股票的分红收益率已经降至历史最低点，如图13-3所示。或许，人们对于股票长期收益的信心已经走到尽头，开始发生动摇了。

图 13-3　标准普尔 500 股票分红收益率与长期债券收益率
资料来源：Dr. Robert J. Shiller HP.

第五十八回

"赶超欧美"的日本经济高度增长

经过朝鲜战争中军事特需的提振,从1954年12月到1970年7月,日本的年平均实际经济增长率达到10%,被称为"经济高度增长期",并分为神武景气、岩户景气、伊奘诺景气三个时期,在此不再赘述。

让我们通过图13-4来看一下日本人均实际GDP[29]的变化。由于纵轴的对比数值相差极大,这里采用了对数值。对数图的方便之处在于曲线的倾斜度就反映了增长率,倾斜度变缓则说明增长率降低,以此可以直观把握经济增长的变化过程。

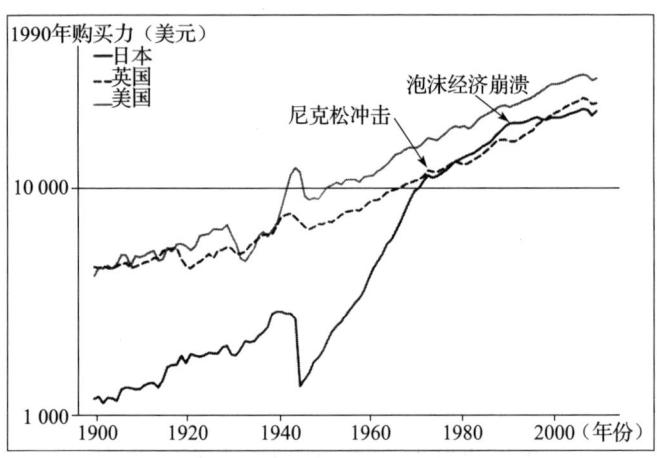

图 13-4　人均实际 GDP

资料来源：安格斯·麦迪森。

日本在二战中遭受重创，战争刚刚结束的时候，经济水平只有美国的 1/10。五六年之后，经济恢复到战前水平，经济白皮书中也宣称"已经摆脱了战后的萧条"，到了 20 世纪 70 年代，经济水平几乎赶上英国，达到美国的 65%。20 世纪 90 年代更是超越英国，达到美国的 80%。

日本经济的高度增长，固然和日本人的努力与勤勉密不可分，而战后的新形势也为日本的经济发展提供了外部条件。与战前相比，最大的变化就是，由于战败，军队解散，美军的安全保障及《和平宪法》的实施抑制了日本的军费开支。从世界范围来看，各国经济稳步发展，美国还出现了"黄金 60 年代"。在这一背景下，美国主导缔结的《关税及贸易总协定》（GATT）构建了战后贸易体系。现在看来，以较低成本就可以获得先进技术的专利，这为日本进行模仿生产提供了便利条件。另外，布雷顿森林体系建立了固定的汇率，随着日本经济的发展，实质上实现了日元的贬值，日本相当于获得了出口补助金。而中东低廉、稳定的能源供给，也为日本经济腾飞做出了贡献。

尼克松冲击之后，上述便利条件渐渐不复存在。浮动汇率制使日本失去了日元贬值的优势，而此后的石油危机又严重影响了廉价稳定的石油供给，日本的经济增长率下降明显。这一点从图上也可以看出。

另外，日本国内的情况也发生了变化。《日本证券史 3》引用了经济学家吉川洋氏所著《日本经济与宏观经济学》中的一段论述："农村的'剩余人口'枯竭，使得人口流动减少，家庭数量的增长率急剧放缓。此外，耐用消费品的普及率提高。这些都导致国内需求陷入低迷，利润率降低，设备投资处于下降趋势。"

尼克松冲击发生的时候，日本的人均实际 GDP 与英德法等欧洲发达国家大致持平。另外，一般认为，日本的经济以出口为主导，然而 20 世纪 50～70 年代，日本的出口仅占 GNP（国民生产总值）的 11% 左右，只是欧洲发达国家的一半水平。可见，出口虽然是获取美元的重要手段，但国内市场的消费需求增长才是经济发展的原动力。

2013年左右,法国等发达国家元首出访金砖四国(巴西、俄罗斯、印度、中国)时,十分注重经济外交,还进行销售宣传,推动铁路、设备等的出口,令人瞩目。对此,日本国内的经济界对政府的"不作为"表示不满,但其实,这原本是日本的看家本领。战后驻日盟军直接沿袭了战前的政治体制,作为战时体制的延续,大藏省直接进行了产业界资本投入的调整,通商产业省也介入了民企的事业发展规划。这类非法定的"行政指导",与"日本株式会社"同时名扬海外。当然"行政指导"还是起到了一定的作用。历史学家安德鲁·戈登编著的大学现代日本史教材《日本的起起落落》中提到,对于日本这种国家介入经济的做法,其他国家既羡慕又蔑视。他还举了一个事例:"1962年时任日本首相的池田勇人访问法国时,被法国总统夏尔·戴高乐揶揄为'那个卖晶体管的销售员'。"

此外,戈登的教科书中还介绍了一些与官僚抗衡最终获得成功的年轻企业家,比如本田、索尼以及川崎制铁等企业的负责人,当然,其时川崎董事长西山弥太郎已经年过半百,不知还能不能算是年轻企业家。

20世纪80年代,日本的人均实际GDP已经超过英国,在泡沫经济期间甚至逼近了美国。但是,从图中数据看来一帆风顺的日本经济高度增长期,实际上遭遇了证券恐慌。

第五十九回

二战后投资信托的盛衰与证券恐慌

战前发售的投资信托于1950年（昭和二十五年）5月末全部偿还完毕。但是，由于复市之前，人们对于即将重开的股市抱有较高预期，股票销售过热，加之财阀解体后大量股票散入市场，因此，1949年5月恢复的股票市场在最初一年里下跌了约40%。于是，在政府与民间相互协调的基础之上，政府决定重振投资信托，作为繁荣证券市场的新型交易手段。1951年6月《证券投资信托法》颁布，野村证券、日兴证券、大和证券、山一证券这四大信托投资公司开始了战后全新的股票投资信托的募集。最初提出了较为谨慎的目标，计划1年筹集30亿日元。但是开始交易后的1个月内就筹集到了33亿日元,第一年度总计筹集了133亿日元,远远超出了预期。

战后投资信托的资产结构为:股票占87.7%,公债及公司债占0.6%,其他占11.7%,股票占据了绝对比重。上述远超预期的投资实际流入了股票市场,从当月起到1953年1月,日经平均指数在一年半的时间里上涨了3.5倍,这样的业绩使得投资信托愈发受到青睐,形成了良性循环。

1951年发售的26只两年期投资信托中,收益率最高的达到2.6倍,最低也有60%的偿还收益和年率12.5%的收益分配。这里的收益分配仅以分配利息收益作为本金。

当时,投资信托的受托公司(保管并管理委托人资产)就是信托银行,委托公司(运用委托人资产)并不是现今的投资信托公司,而是证券公司。虽然GHQ(驻日盟军总司令)对此表示了反对,但是野村证券的奥村董事长屡次陈情请愿,说明如果另设公司会提高信托报酬,终于如愿获得许可。投资信托的委托公司从证券公司分离出来,是1960年4月的事情了。

之后虽然也经历了一些波折,但是投资信托的运用资产总额保持了稳步增长。1961年资产总额突破1万亿日元,在国民个人金融资产中,股票投资信托的比重占到7.9%,平均每10户家庭就有1户持有投资信托。股市的时价总额也从1955年的11 000亿日元增至1961年的64 300亿日元，增长了近5倍。当时的宣传词"银行再见，证券你好"成为流行语，形成了"只要买就能赚"的空前火爆的股票热潮。

在北京奥运会以及巴西奥运会召开前的筹备期间，人们普遍认为由于公共基础设施建设的需求，股市会迎来一轮上涨。但是1964年日本举办东京奥运会的时候，日经平均指数在3年前已经达到顶峰，奥运会开幕前后，"结构性经济萧条"已经在市场上投下了阴影。由于劳动力不足，工资水平高于社会产能，因此可能产生通货膨胀的顾虑日益加深，于是政府开始了金融紧缩。另外，日本企业对外界资本的依赖度较高，即使是轻微的经济不景气都会受到影响，极易产生资不抵债。

1963年7月，苦于高额的财政赤字和大量的黄金外流，美国总统肯尼迪为了抑制本国资本外流，导入了利息平衡税（美国居民在购买外国股票、债券时需按一定税率纳税），要求美国居民在投资外国证券时缴税。同时，还出台了"购买美国货政策"（通过了规定必须购买美国产品的法案）。当时，尽管日本对外汇管理十分严格，索尼公司还是在ADR（美国存托股票，即允许在美国进行交易的外国企业股票）实现了上市，海外投资正在逐步增加。而美国的新政策给股市行情带来了负面影响。此后，日本法人进行的外币计价证券的发行，都从纽约转移到了伦敦市场，日系证券公司进军海外的中心也由美国转向伦敦。肯尼迪总统于当年11月遭到暗杀。日本股票持续低迷，而美国股票却不断上涨，并在

1966年达到顶峰。

受到股市影响,投资信托的总额增速也于1961年开始放缓。1964年很多实业公司开始降低分红,当投资信托的分红低于一年定期存款利息率5.5%的时候,大规模的抛售便开始了。

1965年3月,山崎丰子所著《浮华世家》的原型——山阳特殊制钢公司倒闭,日经平均指数跌破1200日元,中小证券公司纷纷破产。同年5月21日,山一证券也濒临破产,依靠日本银行提供的特别融资才缓解了危机。至此,日本银行宣布降低贴现率,股市才逐渐稳定下来,出现了回暖迹象,如图13-5所示。

图13-5 战后的日经平均指数

资料来源:日本经济新闻。

关于山一证券危机产生的原因，有观点认为，山一证券过分依赖自己的交易收益，另外，与其他公司相比，借入资金和支付利息都相对较高。当时存在一种叫作"证券委托运营"的制度，现在看来，这一制度有诸多风险。证券公司向客户支付证券借用费（借出有价证券时获得的报酬），借入公债或公司债，并以此作为担保继续借入资金。如果使用以此途径借来的资金购置了流动性较差的资产，则无法返还用作担保的客户的有价证券。这就是山一证券面临的困境。以此次危机为契机，田中角荣大藏大臣废除了"证券委托运营"制。虽然股市已经开始回暖，而投资信托总额却持续下降，从1962年的峰值12 349亿日元减少到1969年5月的5098亿日元（下跌了59%）。这也是此后股市出现抛售的原因之一。

第六十回

尼克松冲击与金融科技

1971年8月15日星期日——这一天也恰逢日本的二战结束纪念日，美国总统尼克松通过电视和广播，对全世界宣布："对工资和物价实施90天的管制，征收10%的进口附加税"。这一宣告同时标志着美国"黄金60年代"的终结。战后，德国和日本实现了经济腾飞，对美国的出口急剧上升，贸易顺差逐年增加，导致美国黄金的大量外流。一筹莫展的美国最终宣布，停止美元与黄金之间的兑换，以美元为中心的金本位制——布雷顿森林体系崩溃。这就是历史上有名的"尼克松冲击"。

起初，华尔街对尼克松的货币贬值政策评价积极，翌日美国股市就暴涨了3%，之后直到9月初市场都持续走高。然而人们逐渐发现，问题并不仅仅是美元贬值这么简单，这意味着美国的没落、美元的暴跌。对此，日本一面观望其他国家采用汇率调节手段，一面试图凭一己之力购买并支撑美元，结果招致巨额损失。当年年末，为了控制事态发展，各国代表在美国史密森尼博物馆召开会议，会上确定了美元和日元的固定汇率为1美元兑换308日元（史称《史密森协定》）。但是后来，这一汇率也难以维持，最终在1973年，美元日元采用浮动汇率制，汇率变化完全由市场决定，如图13-6所示。

图13-6　战后美日元汇率的变迁

资料来源：Federal Reserve Bank of St. Louis.

石油输出国组织（OPEC）各国，由于在石油销售中使用美元结算，随着美元贬值，各国的实际收入减少，因此各国大幅上调了以美元结算的原油价格。这导致美国的石油等进口产品价格上涨,加剧了通货膨胀。不久前还被当作废铜烂铁的日系汽车,因为油耗低打开了销路。华尔街当中也只有埃克森美孚公司等石油股上涨,国际资本市场上石油货币的势力开始抬头。

这一时期是美国的一段艰难时日,但是对于金融来说倒并非完全是坏事。尼克松冲击之后,美元贬值,美国陷入萧条,但是另一方面,也促进了汇率相关的金融衍生产品(期权、期货等衍生产品)的发展,推动了金融科技的进步,成为美国未来发展的基础。

尼克松冲击之前的1967年,芝加哥大学教授米尔顿·弗里德曼预测英国政府将使英镑贬值,并建议芝加哥银行卖空英镑。后来,他在文章中提及此事。芝加哥商品交易所(CME)看到这篇文章后,找到弗里德曼教授,请求他撰写一篇名为《外币期货市场的必要性》的论文。

芝加哥商品交易所(CME)也依靠这篇论文,于1972年从财务部和美联储(FRB)获得了开设国际货币市场(IMM)的许可。可以说,尼克松冲击催生了芝加哥的货币期货市场。

第二年,芝加哥期货交易所(CBOT:现已并入芝加哥交易所集团)开始了个别股票的期权交易。之后又陆续推出了各种期权金融衍生产品,如黄金、GNMA债券(政府国民抵押协会债券，美国政府国民抵押贷款协会汇集国民的住房贷款，发行的不动产担保证券，是一种抵押债券)、美国长期国债、原油、货币等期权产品。

但是，真正成为亮点的产品是1976年推出的欧洲美元的利率期货。利率和其他普通商品（小麦、猪肉及日常生活用品等），以及股票债券等有价证券不同，既没有实物也没有证券。这是第一个不可能进行实物交割的商品，因此其交易方式只有差价结算。

期货交易虽然只是一种形式上的交易，但是由于其中存在实物交割，所以与赌博性质不同。换句话说，就相当于弹珠机玩家不能在店里将获取的弹珠直接兑换成金钱一样。只要利用实物进行变现，其赌博性质就淡了许多。20世纪90年代，媒体频繁报道并指摘金融衍生产品及金融技术的国内外差距。但是，日本证券企业之所以不去触及这一领域的产品，其原因之一就在于，当时金融衍生产品在法律上处于灰色地带，日本《刑法》第185条关于赌博罪的规定成为悬梁之剑。

1981年，美国将这种不存在现货交易的利率期货合法化，虽然这已经是既成事实。受此影响，第二年"标准普尔500指数期货"（由美国标准普尔公司选出的500家大型上市公司为标准制定的股票指数的期货）上市。构成标准普尔500指数的500只成份股，因其交易单位巨大，现实上不可能进行现货交易，因此，此前很难将其作为期货商品。但是，如果能够使用差价结算，就可以缩小交易单位上市。如此，即使有一定的波动率（标普500指数的价格波动率），只要能够标价，即使不存在实物交割，也可以实现商品化。另外，1969年，道琼斯公司创设德励财经咨询系统（提供市场行情、图表走势等服务的市场信息服务公司），以即时同步方式提供汇率及利率变动。1973年路透社金融信息监收系统投入服务（由路透社发布的市场信息）。为了实现外汇的24小时全天交易，全球化的信息服务器也得到了很大的发展。

第十四章

日本泡沫经济的形成

第六十一回

70年代的通货膨胀和里根总统

股票，也被认为是受通货膨胀影响较小的金融资产。的确，与利息收益和偿还金额都固定不变的债券相比，公司的资产价值会伴随通货膨胀而上升，股票也会水涨船高。但是，从历史记录来看，高通货膨胀率的情况下，股票的表现并不理想。对于借钱买进卖出，获利后立即撤离股市的短期投机者而言，通货膨胀确实是一个盈利机会，但是，对于长期投资者而言，却是一场严峻的考验。

图14-1利用曲线表现了美国的"黄金60年代"及之后的尼克松冲击、石油危机导致的通货膨胀对股票的影响。

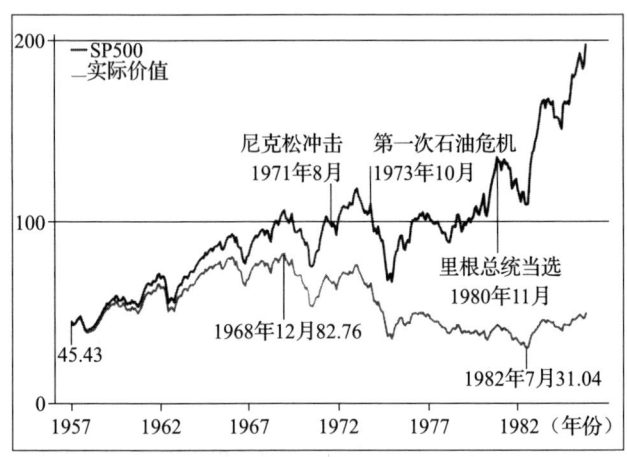

图 14-1　标准普尔 500 指数与实际价值

资料来源：Federal Reserve Bank of St. Louis.

图中的实际价值，是在标准普尔 500 指数中，计入消费者物价指数因素后得到的数值，表示了股票的实际购买力。即使股价上涨了 50%，如果物价翻了一番，那么投资者依然处于亏损状态。

表面看来，20 世纪 70 年代的标准普尔 500 指数处于一个相对稳定的水平，但考虑到通货膨胀率的因素，实际价值从"黄金 60 年代"的峰值——1968 年的 82.76 跌至 1982 年的 31.04，跌幅达到 62.5%。在里根当选美国总统之前，美国公民的金融资产大幅缩水。越南战争的创伤尚未平复，治安恶化，毒品蔓延，设备投资陷入低潮，工业产品质量下降，各种问题频发。由于通货膨胀，美元贬值，美国完全失去了自信。电影《出租车司机》《猎鹿人》都是这一时期的作品。

二战后西方世界的货币体系，如前所述，是以美元为核心的布雷顿森林体系。在这一体系下，美国作为关键货币供应国，肩负着维持贸易逆差，向西方各国不断输送美元的使命。从根本上来说，美国的经济结构就决定了贸易逆差。因此，美国必须保持本国经济稳定。为了抑制经济周期的波动，美国决定采取凯恩斯主义的经济政策，即宏观经济政策。

20世纪70年代通货膨胀的一个重要原因，是约翰逊总统从1964年开始实施的"伟大社会"的福利计划——包括将老年人医疗保障与公共健康保险相结合等制度。另外，越南战争的军费开支增大也是原因之一。在经济繁荣的情况下，实施赤字财政，导致政府开支猛增，引起了通货膨胀。

通货膨胀降低了美元的购买力，1971年尼克松冲击引起美元贬值，紧接着1973年爆发了石油危机。由于原油价格以美元计价，石油生产国的实际收益降低，需要抬高油价。20世纪70年代持续通货膨胀，美国物价翻了一番，利率不断上涨，经济明显衰退。按照菲利普斯曲线（显示通货膨胀率与失业率关系的曲线）推测，通货膨胀期间失业率本该下降，但是当时的失业率不降反升，出现了通货膨胀和经济衰退并存的停滞性通货膨胀。

在通货膨胀的情况下，采取凯恩斯主义的经济政策难免雪上加霜，加剧通胀。于是，新自由主义经济学逐渐取代凯恩斯主义经济学成为主流。他们强调要放宽制约经济发展的各种管制，尽量减少国家对经济的干预，主张依靠市场的自主调节功能。美国总统里根、英国首相撒切尔夫人都出售了过于庞大的国有资产，取消了管制。而日本，则是从铃木善幸、土光敏夫开始，直到中曾根内阁时期，逐步实施了国有铁路、电信电话国有公司、"日本专卖公社"等企事业的民营化。

1979年，保罗·沃尔克担任美联储主席。他采取了提高利率、控制货币供应量的货币主义政策，逐渐控制住了通货膨胀。后来，他被人们称为"反通胀斗士"。1980年里根当选美国总统，上任伊始，他就采取了通过减税来提高国民劳动积极性的政策，削减联邦政府的开支。但是这些政策的目标并非建构"小政府"。他增加了军费开支的比例，针对苏联宣布了"星球大战计划"。面对里根总统的挑战，因计划经济陷入低迷的苏联无力应战，加速了东西方冷战走向结束的进程。

还有一件里根任期内的重要决断，就是对航空管理人员罢工的严厉打击。里根总统解雇了参加罢工的工会成员中的公务员，甚至禁止其他部门重新聘用他们，对罢工进行了彻底的镇压。这次事件意味着美国工会主义的失败，此后，工会的势力被削弱，公务员的解聘也屡见不鲜。随着20世纪70年代通货膨胀的终止，美国重新崛起，并发展为今天举世瞩目的强国。

第六十二回

广场协议

在美联储主席保罗·沃尔克抗击通货膨胀的 1979 年以后，由于高利率，大量资金从海外流入美国，美元升值。从美元日元汇率来看，1 美元兑换约 240 日元。美元升值有效抑制了通货膨胀，利率开始逐步下降，个人消费稳步增长。这些都推动了 1982 年开始的美国经济复苏。

再看日本，自幕府末年打开国门以来，日本就以追赶欧美发达国家为目标。二战期间，日本也曾作为世界强国在国际社会颇受礼遇。但是战败使日本又回到了原点。

日本资源匮乏，进口原油、原材料、食品，出口工业制品是其基本的经济结构，1965年之前日本的对外贸易一直处于长期的贸易逆差当中。但是随着日本工业制品附加值的逐步提高，由纤维发展到家电、钢铁制品等，日本的对外贸易也缓步转变为长期的贸易顺差。虽然时至今日，日本的电器产业因中国台湾、韩国的半导体、液晶电视的飞速发展而遭遇挑战。而在当年，因索尼、夏普进入美国市场，1955年美国本土的电视机制造商尚有27家，到了20世纪80年代仅剩Zenith一家。日本通过扩大内需实现了经济腾飞，而在石油危机后又依靠出口这个杠杆继续实现经济增长，这招致了其他发达国家的普遍不满。

1975年11月，G7峰会（七国集团首脑会议）在法国的朗布依埃举行，日本与同样是二战战败国的西德（联邦德国）都出席了会议，成为七国集团的成员。这一时刻，日本终于成为名副其实的发达国家，实现了明治维新以来的最大夙愿。

里根总统在任期间，随着美元升值、经济复苏，进口扩大，贸易赤字大幅增加；另外，因针对苏联实施"星球大战计划"，军费开支提高，财政赤字也持续累积，美国面临着双重赤字的问题。其他发达国家认为，长此以往，美元迟早会崩溃。虽然里根总统对外宣称美元依然坚挺，美国经济发展势头不减，但最终还是被迫决定将美元贬值。

1985年9月，"G5峰会"（五个发达国家的财政部长和中央银行行长会议）在纽约中央公园附近的广场饭店举行，发表了"其他主要货币对美元汇率有秩序地升值"的声明。此声明的主要目标是日元。"广场协议"签订后，G5五国开始抛售美元，联合干预、监管外汇市场，制造出了美元贬值、日元升值的事实，抑制了日本的贸易顺差（见图14-2）。而日本之所以接受了对本国如此不利的决定，是希望缓解贸易摩擦。这样一来，日本只有进一步扩大内需才能发展经济。这就是历史上著名的广场协议。

图14-2　广场协议前的美元日元汇率

资料来源：Federal Reserve Bank of St. Louis.

最初，日本估计美元日元汇率最多降至1∶200左右，于是，在这一水平上，日本当局试图通过买入美元、干预汇率使之稳定。然而，日元一旦开始升值便一发不可收拾，

1989年达到1美元兑换120日元。日元升值导致日本产品原有的价格优势大打折扣，不过，由于日本产业界成功地削减了成本，因而降低了损失。如汽车行业，本应翻番的价格被控制在上涨3到4成左右。

另一方面，日本政府和日本银行为了扩大内需，继续推行低基准利率政策，并向全国输送财政资金。土木建筑行业异常繁荣，一栋栋建筑物拔地而起。而这种流动性过强的资金供给，也为之后股票、不动产等资产价格的暴涨埋下了伏笔。可以说，广场协议是日本泡沫经济产生的一个原因。

第六十三回

黑色星期一与流动性

广场协议签订两年之后，1987年9月，由于美元的贬值速度超过了美国金融当局的预期，因此美国计划提高利率，希望借此能够吸引资金回流。但是，西德却先于美国提高了利率。虽然当时，马克处于升值状态，但是因担心经济过热导致通货膨胀，所以西德将稳定经济放在了首位。

德国在战争期间经历了恶性通货膨胀，此后，德国中央银行——德意志联邦银行对于通货膨胀保持着高度警惕，始终如一。美国财政部长贝克对德国率先提高利率表示谴责，招致市场对于本应顺利执行的G5集团汇率干预政策产生了不信任。市场上传言流布：估计美国可能会为了保卫美元而大幅上调利率。而利率的提高，对于急速上涨的股市来说并不是好消息。

另外，当时市场上流行一种叫作杠杆收购（Leveraged Buy Out，LBO）的企业收购模式，即利用收购目标的资产作为债务抵押，进行融资借贷，从而收购目标公司。对此，美国国会提出应加以管制，并出台了废除减免税额的议案。当时的股市，依靠企业收购可以回收已进入市面上的股票，对于调节股票供求也是一个有效手段。而对杠杆收购进行管控，对于股市来说也不是好消息。在此背景下，纽约道琼斯指数从1987年10月14日星期三到16日星期五持续下跌，3天内跌幅已达到10.79%。到了历史上著名的黑色星期一——10月19日上午，股票在短时间内暴跌，甚至有人从技术角度分析主张这个时候正是买入的时机。很多股民都认为，暴跌的时候应该买进。

最终，黑色星期一当天的道琼斯指数下跌了508点，以1738.74点收盘（见图14-3）。单日跌幅达到了22.61%，黑色星期一创下的跌幅纪录史上罕见。从1896年5月26日道琼斯指数开始计算以来，单日跌幅超过10%的日子，总共只有6天。

关于股市暴跌的直接原因，有观点认为是当时流行的指数套利（index arbitrage）的反向买进套利导致的。

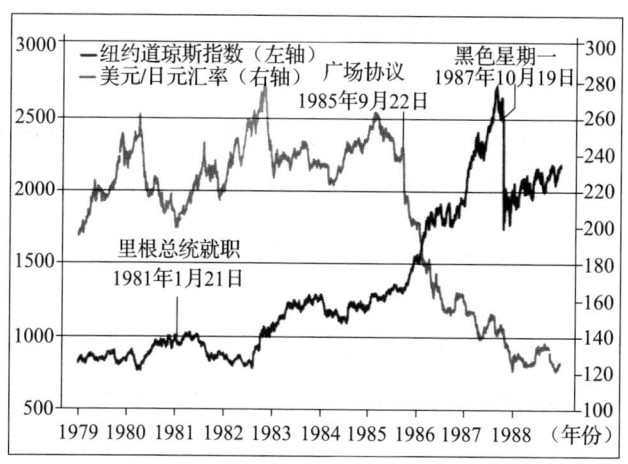

图 14-3　广场协议与黑色星期一股市震荡
资料来源：Federal Reserve Bank of St. Louis.

指数套利是指投资者利用标普 500 指数期货在结算日与现货同价而进行套利交易（利用二者的价格差获利）。未到交割日的指数期货对应现货股价的理论价格，只要知道利率以及借入股成本，就可以计算出来。而且，二者未必按照理论价格进行交易。如果期货合约被高估，投资者则卖出该期货合约，同时买入现货股票（正向买进套利）；如果期货合约被低估，则购入该期货合约，同时卖出现货股票（反向买进套利）。而二者在交割日必定收于同样的价格，因此同时平仓就可以获取套利收益。在此情况下，期货与现货股票同时以同样价格买卖，对市场上行还是下行影响较大的是现货股的买卖，因此，如果发生了正向买进套利，则市场行情上涨，相反，如果发生了反向买进套利，则股市下跌。

然而，这并不是黑色星期一股市震荡的原因。反向买进套利通过卖出现货股票、买进股指期货进行套利交易，必须看准转瞬即逝的时机，因此需要对买卖价格进行精确的计算。但是在黑色星期一当天，股价暴跌，没有合适购入的现货股，股票的卖出价格也难以确定，因此无法进行套利交易。指数期货合约和现货股票几乎都处于被抛售的状态。顺带一提，指数套利至今仍活跃在市场上，随着计算机和通信技术的急速发展，对于其交易精确度的要求也越来越高。

关于股市暴跌另一个广受认同的原因，是 LOR 公司（The Leland O'Brien Rubinstein Associates.Inc.）的投资组合保险（PI）的抛售。

所谓投资组合保险，顾名思义，是以金融资产的投资组合作为投保对象的一种保险，也是应对股票资产缩水的保险。虽说名字叫作保险，但是 LOR 公司并不像普通保险公司那样进行损失赔偿，而是持有投资组合的投资者在 LOR 公司的建议下，通过卖出标普 500 股指期货，实现和投保一样的经济效果。

例如，某年金基金现货股投资组合（只有像年金基金这样的巨额投资组合，才能够比较接近标普 500 指数的成份股）的资产规模 3 亿美元，为了方便说明，假设标普 500 指数的现值为 300 点。为了使基金投资组合不低于 2.5 亿美元，当标普 500 指数下跌到 250 点时，只要卖出 2.5 亿美元的股指期货即可。这样，现货股票和期货的损益对冲，投资组合的资产本身得到了保值。

但实际上，当股指期货价格定位于250点的那一瞬间，2.5亿美元的期货并不一定能够如愿卖出。如果是个人的小额期货还有可能，如此巨额的期货无法轻易找到买家。另外，如果股指期货在跌至250点之后再次拉高该如何应对？如果不立即将卖出的股指期货买回，就必定会在250点的水平上出现亏损。还有其他诸多问题，比如希望保值在2.5亿美元的时期是什么？是在明天，还是在结算日，还是在年末？虽然之前曾经下跌，但是只要在结算日回升就应该没有损失。实际上，能够解决以上诸多难题的是期权交易，特别是在特定日期以特定价格进行交易的看跌期权。

那么，只要看跌期权能够正常交易就可以了，但是当时的期权市场流动性（买卖指令的密度）并不理想。因此，投资组合保险的目的就在于，利用标普股指期货再现期权，从而使看跌期权维持买入时的经济状态（损益状况）。只要知道距离期权到期的日数、水平、利率，根据期权价格模型就可以计算出需要卖出多少期货。LOR公司提供的正是这种咨询服务。随着股价下跌，标普500指数逐渐接近保值水平，卖出的期货数量便随之增加，套期保值比率（通过抛售期货实现原资产保值的比率）也不断提高。当标普500指数跌至保值价格附近时，套期保值比率需调整至100%。

时至今日，在事后进行解释或许并非难事，但是在当时，说明其中的原委却是难上加难。据说当时的投资组合保险总额达到了1000亿美元，随着标普500指数的暴跌，投保者都开始抛售投资组合保险，这进一步加速了股指的下跌。而股指的下跌又引发了投资组合保险的抛售。如此形成了恶性循环。现货股由于跌幅过大，没有买主，难以实现买卖交易。很多投资者和经纪人由于无法卖出现货股，只能将手里的股指期货卖出。想卖的时候却卖不出去，这就是流动性危机。投资组合保险本来是为防范股票资产缩水风险的手段，而当时，该产品本身却造成了流动性危机这一新的风险。

1987年，总统特别委员会——"布雷迪委员会"成立，委员会提交了关于黑色星期一的报告书，指出了投资组合保险存在的问题。最终，相关部门决定在存在流动性危机的市场实施"熔断机制"（限制交易措施），即在股指波幅过大的情况下，强行停止交易，关闭股市。对此，自由放任主义的拥护者提出了反对意见，认为应该由市场自行调节。但是，这一举措也能有效地帮助在面临危机时急于抛售的投资者冷静下来。只要市场参与者事先都了解熔断机制的启动条件，对于他们来说也是公平的。

当时，为了支持"熔断机制"的实施，有这样一则譬喻令人记忆犹新。在美国某州，法律规定枪支的交付是在购买一周后。某男子因为遭到朋友愚弄怒火中烧,于是去买枪。当被告知枪支的交付要等一个星期时,他对店员说道:"你说什么,我现在就想要拿到枪。"

在这样的背景下,有一个市场很快就从黑色星期一的打击中恢复过来,那就是泡沫经济前夕的东京市场。

第六十四回

从金融制度看日本泡沫经济的形成

1985年,广场协议签订,在G5集团的共同干预下实现了美元贬值。当时,日本为了吸引资金提高了短期利率。急剧的汇率变化引起了市场的不安,人们担心日元升值会导致经济衰退。在这样的背景下,官方利率的下调推迟到了第二年的1986年。由于此前一直采取经济紧缩政策,因此据预测此后的通货膨胀率应该处于较低水平。泡沫经济时期,不动产价格和股价上涨,资产通货膨胀非常严重,然而,消费物价指数等通胀指标并没有上升。当然,日元升值也是其原因之一。这是一种不伴随通货膨胀的泡沫经济。

产生泡沫经济的原因复杂多样，这里我们仅从金融制度的角度分析泡沫形成的过程。从1980年外国汇率及对外证券投资自由化开始，此后的一系列放宽管制的政策都是促成泡沫经济的背景因素。

1981年，日本企业获得了在欧洲债券市场上发行附认股权证公司债券的许可。由于日本的股票不断上涨，认股权价值也在提高，因此债券部分能够以超低利率发行。而且，企业预测到日元还会持续升值，便在伦敦市场上发行以美元支付的附认股权证公司债券，再利用互换交易兑换为日元。这样，日本企业便可以极低成本或零成本募集资金，甚至还可能出现负利率。

在这样的背景下，1984年，企业"特金"获得解禁。"特金"这个词现在已不常用，指"特定金钱信托"和"特定金钱债权信托"，区别于企业本来持有的证券，不收取法人税，而是对让渡收益收取极低的税款。如今回顾这一制度，可以说，它鼓励了非金融行业的一般企业进行理财赚钱。事业性企业的特金主要交由信托银行运营，经营特金由证券公司运营。这与之后动摇证券行业的损失填补问题密切相关。特金吸收了大量当时的日本股票，总额从1985年的9万亿日元升至1989年的40万亿日元。

通过发行附有认股权证的债券，以零成本募集到的资金又流入股市，股价上涨意味着认股权价值的提高，从而进一步刺激债券的发行融资,这样的循环模式与当年南海泡沫事件如出一辙。

1986年,NTT(日本电报电话公司)进行民营化改造,对外公开募股。1987年1月,119.7万日元的募股总额吸引了1058万投资者,最终通过抽签产生了164万股东。这是南满洲铁路股票募股以来从未有过的盛况。NTT的股价初值为160万日元,当年4月22日就升至318万日元,股票收益率达300%。可以说包含了未来300年的收益。由此,日本国民形成了股票可以获得高额回报的认识。与当时战时公债的发行间接引起美国炒股热的情形一样,日本泡沫经济形成之前,也产生了持股大众化的趋势,有价证券持有者的人数激增。

另外,日本的地价从1956年到1986年的30年间上涨了50倍,只有1974年发生过一次下跌。这也形成了日本的土地神话。在日本,土地拥有绝对的信用,甚至一度被称为土地本位制。以土地为担保实现了很多大胆的信用创造。

1987年出台的管理发达国家银行资本的"BIS⊖规定"(对办理国际业务的银行的自有资本比率制定的国际统一标准),本应抑制信用创造,起到防止泡沫经济的作用,但是,当时日本向国际社会强调日本银行具有其特殊性,得以将股票收益的一部分也算入自有资本当中。于是,此后银行的信

⊖ 国际清算银行。——译者注

用创造能力与股市发生了联动。即，股票处于涨势，银行提供的信用就增加；股票处于跌势，银行便产生顺周期性信用紧缩。银行自身测算的持股、政策投资股份在股市泡沫崩溃之后，给银行经营带来了长期的负担。

完全依据股指的表现进行买进，投资给市场的代表性指数——指数投资，在1988年已经具有成熟完备的产品。1989年，开放式指数基金在短短3个月内募集了7000亿日元。这类被动型金融产品省去了选择股票品种和判断投资时机的过程，通过持续持有而进行长期投资。只要指数不断上涨，这类产品就能够获得高额的差价收益。因而，当日经平均指数和东证股价指数处于高值时，大量的指数投资被抛售。

图14-4中比较了以尼克松冲击发生时的1971年8月为基础值100的标普500指数和以美元计价的日经平均指数。可以看出，在美国因通货膨胀导致美元贬值的情况下，尼克松冲击后的18年间，标普500指数的名义年利率以9.5%的速度增长。而这期间，以美元计价的日经平均指数的年率增长率则轻松达到了30%。在美国投资者看来（日本投资者当然也一样），这是再理想不过的外国股票投资，只要买了就一定能赚。而且，在1985年，作为投资主体的外国投资者，就已经开始出现卖出超过买入的情况，即使如此，仍然获利颇丰。

图 14-4　尼克松冲击后的日美股价比较
资料来源：日本产经新闻和 FRED。

在日本股市表现优异的这一时期，美国市场上，货币期货、期权交易等金融衍生品以及抵押类产品（以不动产为担保的贷款）等获得了显著的发展。在伦敦，离岸市场（只与他国进行交易）上开发了结构性金融产品等，金融技术取得了长足进步。而处于各种限制保护下的日本金融业，依靠泡沫获得了不菲的收益，但这不过是资金量的数字增长。在其他国家取得深远发展的金融技术领域，日本被远远落在了后面。

下一章是本书的终章，我们将在最后梳理并探讨，金融理论如何从学术的象牙塔中走出，迈进华尔街，对金融实务产生了巨大的影响。

第十五章

投资理论的发展

第六十五回

技术分析和投资银行

对投资多少有些了解的读者,听到"酒田战法",都会想到出身于日本山形县酒田市,在江户时代大阪堂岛的米市上赚取了丰厚财富的本间宗久,以及这位投机商编绘的预测市场行情的图表——蜡烛图。但是在1796年出版的记录本间宗久的行情分析之精髓的《本间宗久翁秘录》里,并没有蜡烛图的相关记载。想来,江户时代虽然可能已经出现了简单的线形图,但是蜡烛图的产生应该是明治30年(1897年)以后的事情了。据说,在大阪生产的记录市场行情的K线图用纸,出口到了上海市场,用来记录白银的行情。可以推断，预测市场行情的"K线"①源自日本。当然，当时的"K线"采用手绘的方式，从右至左按照日期顺序编制。笔者曾经在神田的一家旧书店买到过一本昭和初期的K线图集，确实是从右至左按照时间顺序记载的。

另一方面，在大洋彼岸的美国，技术分析（通过分析市场行情的变化预测未来的市场走向）的发端被认为始于道琼斯公司的创始人查尔斯·道。依笔者管见，美国开始图表分析的时间应该与日本大致相同。另外，日本所谓的"三尊天井"（三重顶）是在股价高位时出现的K线模型，如图15-1所示，其形态好像三尊佛像。美国将其称为"头肩顶"，也将其作为行情高峰期的信号。

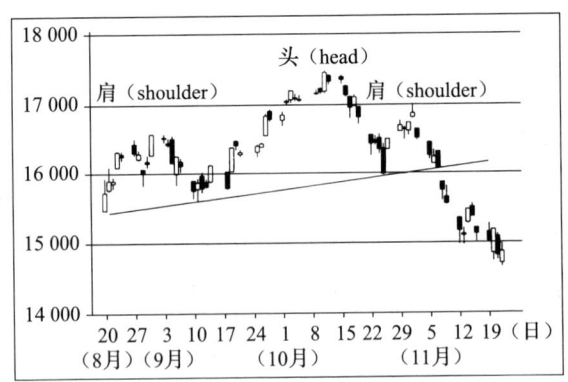

图15-1　蜡烛图中的三尊天井

资料来源：日本经济新闻。

---

①　"K线"在日语中本来写作"罫线"，"罫"的读音为"けい"（kei），与英文字母"K"发音一致，故得名。——译者注

技术分析的开拓者查尔斯·道英年早逝，其后继者威廉姆·皮特·汉密尔顿完成了技术分析的开山之论——道氏理论，具体内容在此不赘述。之后技术分析继续发展，出现了进行"波动分析"（市场行情以一定周期呈波浪形变化）的艾略特波段理论，此后，其继承者普莱切特，以及重视"移动平均线"（过去一段时间的股价的平均值）的格兰维尔等相继提出了自己的主张。近年来，由于个人电脑的普及和在线证券公司的迅猛发展，即使不是专业的金融分析师，也可以轻松获得各种图表和数据，技术分析日趋盛行。

1984年夏末，笔者当时就职的某日系大型证券公司的兜町股票部迎来了一位来自美国某投资银行的著名技术分析师。这位美国分析师来到竞争对手日本证券公司，自然事出有因。当时，日本尚未向美国的投资银行开放东京证券交易所的会员注册（1986年2月开始部分开放），因此美国公司购买日本股票只能通过日本证券公司进行购买，可以说具有证券行会的性质。而日本大型证券公司已经获得了美国纽约证券交易所的会员资格。美国认为此事不公，经常借此抨击日本。为了减少日美之间的摩擦，日本的证券公司在购买美国股票时会以易货贸易的方式下单。作为担保，双方各自提供股市行情信息进行共享，可以说两国企业互为客户。美国这位著名分析师的来访便是交易中的一环。

技术分析师，又名图表分析师，在日本也被称为K线专家,即对各类股价图表进行分析的专家。当时美国的几家大型投资银行,都拥有各自的王牌明星分析师。他们经常无视经济状况的基本面,做出大胆的、有悖常识的预测,这也是他们的专长。有时,分析师的预测甚至会成为热点新闻,左右市场行情。

回到刚才的话题,这位美国分析师从一个大型公文包中拿出了一本厚厚的、由方格绘图纸装订而成的 A3 册子,打开之后,是他的得意之作——数百种手绘图表。当时,IBM 的个人电脑虽然已经问世,但是便携式笔记本电脑、液晶平板以及印刷效果良好的小型印刷机都尚未出现。

美国分析师分析了道琼斯指数的走势、长期利率的动态,推荐了几只预测看涨的股票,最后他拿出了美元日元汇率的走势图。当时广场协议尚未签订,受美联储提高利率抑制通货膨胀政策的影响,美元日元汇率在 1∶240 上下浮动,如图 15-2 所示。美元的高利率政策吸引了大量海外资金流入美国,美元正处于升值状态。

他说明了尼克松冲击以来美元日元汇率的变化,最后手指徐徐落向图表空白处的一点,预言道:美元日元汇率迟早将跌破 1∶100。事后看来,他的预言精准命中了事实,但是当时,如此大胆的预测实在令人难以置信。而且,如果日元升值到这个地步,日本根本没有必要购买美国股票,因为无论股价如何升值,都会因为汇率变化而导致亏损。恐怕当时他所在的公司也没有相信他的分析，不久之后，当这位美国分析师的预言成为现实的时候，他和其他许多华尔街的技术分析师一样，已经离开了曾经任职的投资银行。

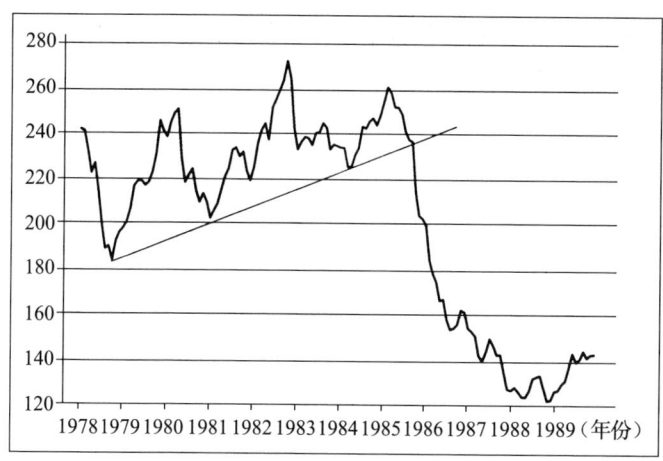

图 15-2 美元日元汇率——"三尊天井"的变体
资料来源：Federal Reserve Bank of St. Louis.

技术分析随着信息传递手段和个人电脑的发展，已经迅速普及开来，现在很多贸易商及投资者都能够进行技术分析，股民也都能够看懂图表。书店里的技术分析入门书更是堆积如山，互联网上也充斥着各种免费或收费的相关网站。但是，通过图表进行模型分析的专家，从 20 世纪 80 年代后期开始，就逐渐从机构投资者的相关岗位上消失了。

事出有因，当时有一种新理论从学术象牙塔走出，占据了华尔街，这种理论否定了技术分析师的分析手法，它的名字叫作"随机漫步理论"。该理论主张,从统计来看,股价的波动是随机的,预测股价不可能也无意义。这一理论的拥护者有很多闻名遐迩的经济学家。对于年金基金这类公共资金的运营管理者来说,他们宁愿遵从学术性的理论,也不可能放心大胆地去依靠在他们看来类似于占星术的技术分析。

第六十六回

考尔斯经济研究委员会与股市预测

其实,"股市预测"的目的很明确,就是判断将来哪只股票会涨、哪只股票会跌,并作出相应的买卖选择。预测的方式有技术分析、依据公司财务报表进行基本面分析,还有一些战略分析师会通过宏观经济状况进行股市预测。但是自古以来,人们一直对股市分析师的预测能力持怀疑态度。就是现在,每到年底,报纸杂志上还会刊登"来年的股市行情预测"。不过这些预测即使不准,也不会招致非议,因为人们本来也并未抱有过高期待。但是,如果真的依照预测进行了投资,情况就不一样了。

时间回到"咆哮的 20 年代",下面故事的主人公阿尔弗雷德·考尔斯是一位富有的男子，其父是大型报刊《芝加哥论坛报》的大股东。考尔斯从小体弱多病，因此没有投身于实务，而是帮助父亲理财。1932年，在耶鲁大学教授欧文·费雪的协助下，他建立了考尔斯经济研究委员会，开辟了计量经济学的先河，并因此名垂史册。

考尔斯从1928年开始，先后购买了24种投资咨询服务，但是均未派上用场，在1929年的股市震荡当中损失惨重。缴纳了咨询费的考尔斯无论如何难以接受这个事实，他开始了锲而不舍的调查研究，要弄清楚这些专业的投资咨询服务是否可靠，按照咨询建议进行投资能否赚钱，这些咨询服务究竟是否有价值。

经过4年的调查，1933年考尔斯发表了一篇名为《股市预测师能预测股价吗》（Can Stock Market Forecasters Forecast？）的论文，结论是，这些股市咨询师"并不具备预测能力"。

他在论文中并未提出如何"在股市震荡的最低点赚钱"，而是分析了多个预测师提出的投资建议，发现，即使是最佳的投资方案，其收益结果也未能达到市场的平均价格，即道琼斯指数的水平。此时，道琼斯指数已经从峰值下跌了90%，但即便如此，相比而言，不听从咨询建议，直接购买道琼斯指数的成份股，并持续持股不进行交易，收益更高。

之后，考尔斯继续自己的研究，1944年发表了题为《股市预测》(*Stock Market Forecasting*)的论文[30]，其考察对象是 11 家具有代表性的投资咨询公司。他得出了和之前相同的结论：这些投资咨询建议不敌股价指数。因此考尔斯认为，这些投资咨询公司并不能创造附加价值。

华尔街对考尔斯的研究不屑一顾，这是必然的，谁都不愿意承认自己的投资建议没有价值。此后一来二去，美国进入了"黄金 60 年代"，很多所谓的天才基金经理都大肆进行速利基金的交易。在这个炒股就能赚钱的时代，没有人关注投资收益与市场平均指数相比是高或低，股价的上涨遮蔽了一切，没有人质疑这些咨询师的能力。

而另一方面，在与现实股市相距甚远的学术领域，科学逐渐进入了金融市场。学者们开始分析股票的真正价值，利用战时出现的"运筹学"来探索有效分配资产的方法。这些研究后来被称为"金融理论"或者"金融工程学"。这一领域涌现出了多位诺贝尔奖获得者。

1952 年，经济学家哈里·马科维茨出版了经典著作《资产选择：投资的有效分散化》，从投资者的立场出发，阐述了资产组合理论（分配并运用不同资产的方法）。1958 年默顿·米勒和弗兰科·莫迪利亚尼从经营者的角度出发，提出了关于债务资本配置的"MM 理论"。

1964 年，威廉·夏普发表了单因子模型"资本资产定价模型"（CAPM），主张仅利用 β 值（个别证券价格相对于整个股市平均价格的波动情况）就可以解释股价变动。1965年，尤金·法玛提出了"股票市场价格随机游走"的观点。上述经济学家，除尤金·法玛外全部获得了诺贝尔奖[⊖]。

到了"黄金60年代"后期，股市开始出现衰落迹象，投资者们又开始将怀疑的目光投向理财咨询行业。1969年，后因研究"代理问题"（股东代理人即企业经营者为谋求自身利益而损害委托人即股东利益的问题）而名声大震的迈克尔·詹森，使用新的方法重走考尔斯之老路，对投资信托行业进行了调查评价。令人感到遗憾的是，他得出的结论和考尔斯完全一致。与其将资金交由投资专家进行理财，还不如直接购买市场平均价格的标普500指数等指数股，然后持续持有不进行交易，收益反而更高。但是，无论是华尔街还是兜町，最初都没有对这些学者的结论给予足够的重视。

[⊖] 在本书的日文原版书出版时，尤金·法玛尚未获得诺贝尔奖。2013年，尤金·法玛获得诺贝尔经济学奖。——译者注

第六十七回

随机漫步理论和有效市场假说

1978年出版的《股票实战技巧——市场行情预测格言500句》（田中穰著）是一本不错的股票投资参考书，笔者一直保留至今。这本书的第一部第3章题为"随机漫步理论（醉步理论）的虚与实"，有如下说明：

> "醉汉走路，是向前还是向后，向右还是向左，根本不能预料。股价也一样，既可能上涨也可能下跌，还有可能持平，完全无法预测。不能因为今天涨（或跌）就判断明天也是涨（或跌）。随机漫步理论认为，'股票并没有记忆'，当然，他们对于K线派报以冷笑。"

1973年，指数投资的先驱伯顿·马尔基尔的畅销书《漫步华尔街》㊀在美国出版，其中提到的随机漫步理论开始闻名于世。估计也传入了日本。在1978年日本技术分析协会出版的《日本K线史》中，提到大和证券的酒田先生在东京见到了似乎是关于随机漫步理论的演讲会，或许当时，伯顿·马尔基尔先生来到了日本。遗憾的是，如今事实已经无从考证，但是"随机漫步理论"不仅使传统的市场预测师陷入生存危机，也给技术分析师和研究市场规律、总结预测格言的人士带来了威胁。

随机漫步理论不仅仅是尤金·法玛和伯顿·马尔基尔二人的见解，当时此领域的经济学家几乎都拥护这一主张。股价正如投硬币和买彩票一样，是没有记忆、不可预测的。连续10年买彩票都没有中过的购买者，与首次购买者的中奖概率是一样的。命运之神不会有所偏颇。轮盘赌中，即使连续转出10次红色，下一次转出黑色的概率仍为50%。同样，日经平均指数连续10天下跌，第11天涨跌的概率仍然各占50%，不可预知。不少股民都曾经盘算过"这次总该涨了"，然而他们的期待恐怕已经不止一次被现实打碎。涨跌的概率各占5成，而且根据长期的统计，涨跌的幅度呈对称分布，这就是"随机"的明证。

图15-3中显示的是开始记录道琼斯指数的1896年5

㊀ 本书已由机械工业出版社出版。——译者注

月26日至2012年6月29日之间的日收益率（变化率）。以0.05%为单位进行划分统计，即从0%到1%划分为20个区段，统计天数。数据总计29 850日，其中上涨的天数为15 179日，下跌的天数为13 727日，平均增长率为0.0198%。可见在116年的历史里，道琼斯指数呈现了缓步上涨的趋势。从平均值向左右两侧呈对称分布，形态似吊钟，因此被称为"钟形曲线"（正态分布曲线）。

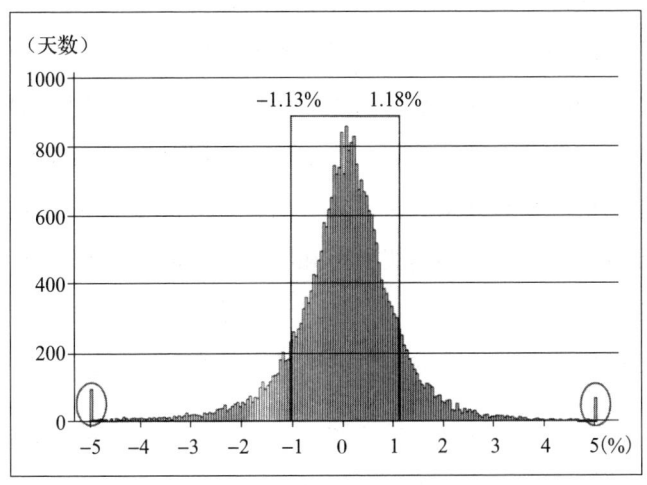

图15-3　1896～2012年道琼斯指数的日收益率
资料来源：Federal Reserve Bank of St. Louis.

如果该图表是正态分布曲线的话，按照正态分布的一般规律，在全部29 850日的数据当中，有约2/3的天数应该处于距离平均值一个标准差，即±1.159%的范围之内。而距离平均值两个标准差，即±2.318%的范围之内，应该集中了总天数的95%。如果该图表符合上述条件，是正态分布曲线，很多概率就可以计算了。如果道琼斯指数的平均收益分布呈正态分布的话，也就印证了股价与投硬币、买彩票一样，是无记忆的、随机的。换句话说，图表分析毫无用处，股价不可预测。

股票的本质价值，在于当前股市的定价，也就是即时股价本身。在充满变化的市场上，新信息层出不穷，股价瞬息万变。因此，如果能够预测新信息（例如效益大幅提高）的出现，准确评估此信息对于股票本质价值的影响，即正确预判股价的涨跌，就能够获取收益。优秀的证券分析师和投资者为了获益采取理性策略，收集信息加以分析，并做出迅速合理的反应判断股票的买入或卖出，这些都影响着现时股价的形成。买卖双方的购买上限和抛售下限取得一致的点，就是现在的股价。因此，一切有价值的信息已经及时、准确、充分地反映在股价走势当中。这就是"有效市场假说"。

股价的下次变动，取决于下一个新信息的出现，而新信息无从知晓，因此涨跌亦无法判断。股价的变动是"随机游走"的，而市场是"有效"的。

然而，让我们回头再看一看图15-3，在±5%附近有突然增高的数值柱，这作为正态分布来说属于异常现象，也使得"钟形"曲线的整体形态有些异样。因此也有人质疑此曲线是否是正态分布。但是一般观点还是将这里的异常部分忽略不计了。因为如果将其认定为正态分布曲线，就可以根据标准差计算股价的波动幅度，将"风险"数值化，还可以对不同的股票品种进行比较，计算股票投资组合的风险值。此外，对于未来的股价变动情况，虽然不能进行精准的预测，但是就像量子力学一样，能够以百分比的形式计算出它的值域。这为之后的理论发展提供了便利条件。

但是，如果将道琼斯指数收益率作为正态分布曲线进行计算，那么29 850日当中，收益率在"-5%"以下的天数只有0.22天，也就是说理论上在120年期间，即使每天开市，也不会出现1天。这样的极端跌幅后来被"风险之神"、金融衍生品交易员纳西姆·塔勒布在其畅销书中称为"黑天鹅"。当然，这只是塔勒布的戏称，在现实当中这样的日子有97天。

另外，如果按照正态分布的规则去计算，像黑色星期一那样跌至"-22.61%"的日子出现的概率应该是10的负80次方，是"绝对不可能出现"的。所以说，虽然随机漫步理论的学者们看不上技术分析师以及投资战略家，但是"钟形曲线"却证明了他们才是"不切实际"的。在对此进行详细分析之前，让我们先看一看"金融理论"是如何对华尔街产生影响的。

第六十八回

运筹学与资产配置

有一个流行的说法认为，金融理论在华尔街应用于实务，是依靠了从NASA（美国国家航空航天局）辞职的火箭工程师们才得以普及的。当时，美国政府削减了NASA的预算，很多工程师因此丢掉了饭碗。不过，技术人员和数学家开始在原本与理科生无缘的华尔街谋得职位，确实是近30年前后的事情。这与电脑在金融行业的普及与发展密不可分。

另外，二战期间，美国和英国政府征召了大批经济学家和数学家为战争服务。这些学者并不是作为士兵上战场打仗，而是利用统计学的知识为战略决策提供支持，即"运筹学"（OR）人才。

运筹学，不仅可以从宏观角度解决战争中如何进行高效的资源分配等问题，还可以用来处理各种具体问题。例如，在受到德国潜艇威胁的大西洋上，如何编排有限的护卫舰和运输船，能够将损失控制在最小限度，同时实现最高的运输效率；在对德国进行战略轰炸时，首要目标应该选择战斗机的机体生产工厂还是轴承工厂；在敌人的现有防御体制下，如何做到以轰炸部队最小的损失，获得最大的效果。这也是现今经营学领域中人们耳熟能详的"线性规划"。

已故的日本原法务大臣后藤正夫先生曾经说过，日本在战争初期，也有过利用运筹学研究战争的"战力计算室"。但是，由于计算室利用统计学方法设想了各种战争过程之后，得出的结论都是日本必败，这激怒了某日前来视察的东条首相，于是大日本帝国版的运筹学即日就被废弃了。

上述将损失最小化并获得最大效果的问题，从其逻辑本质来看，不仅与经营学相通，与股票、债券等金融资产的投资组合也是一致的，即将风险最小化收益最大化。这里的收益指的是计划阶段的预期平均资产运用收益，而风险指的是标准差，即资产价格的波动，也就是前一回"钟形曲线"描绘的形态。高性能的火炮射程远且弹着点偏差小，同理，优质的投资组合收益最大，而资产价格的波动最小。那么，所谓"预期收益"是指什么呢？当然，也有人会试图预测未来的资产价格，不过收益也好标准差也罢，都可以看作以往数据的延伸。在无法预测未来的随机游走的世界里，过去的长期实际业绩就是最好的预测。

一般而言，经济上行，企业收益就会提高，股价就会上涨。但是另一方面，企业效益好则资金需求旺盛，会导致利率上升，而利率的提高意味着债券价格的下跌。相反，经济下行股价就会下跌，债券价格就会上涨。当然，股票价格和债券价格也并非永无例外地遵循此规律向相反方向波动，但这是一种典型的变化机制。因此，如果同时持有股票与债券，就可以实现价格上涨和下跌的对冲，从而降低资产贬值的风险。而且采用组合的方式并不会减少各类资产的单项收益，而是能够实现收益叠加，风险降低。像这种不同股票或者股票与债券的最佳组合，就是资产配置。不过，资产配置并不是谁发明或发现的，分散风险的手段自古以来就为商人们所常用，只是过去的方式更为原始而粗糙。例如本书第十六回中提到的"普拉托商人"达蒂尼，就将自己的分店分散设置于多个地区。第二十三回中提到的"威尼斯商人"安东尼奥，也将贸易商船的航行目的地分散开来以规避风险。即使是被认为最安全的东京电力的股票，也因发生了意想不到的事故而影响了股价。世事难料，仅凭直觉我们也能够意识到，专注投资于1只股票，具有极大的风险。

1952年，芝加哥大学研究生哈里·马科维茨运用运筹学原理，发表了题为《投资组合的选择》的论文。这篇论文是资产配置领域的开山之作,将过去粗略分散风险的方式,发展为在风险最小化的基础上追求收益最大化的手段。论文不仅谈到了分散风险,还提出要实现最大的效益费用比,这的确是战争运筹技术在金融领域的应用。

假设投资组合全部由股票组成,在组合配置该市场的成份股品种(图15-4中的圆圈和三角)时,可以计算出在一定风险(标准差:钟形曲线的波动幅度)前提下的最大收益点(预期收益:钟形曲线的平均值),将这些点用线连接起来,就得到了图中的线①。这条线显示的是在各种风险条件下可获得的最大收益,被称为有效边界。投资者根据自己可承受的风险(标准差:资产波动),选择一组最佳的股票投资组合。

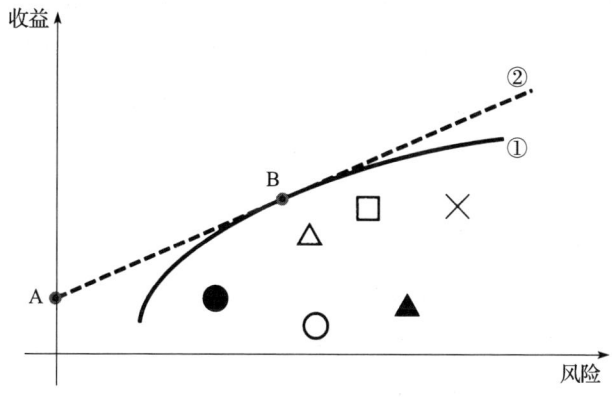

图 15-4　有效边界与市场投资组合

不过,在马科维茨的"投资组合"当中,并未涉及现金、存款以及短期国债等几乎没有风险的资产(无风险资产)。但实际上,有很多投资者并不投资股票或债券,而是将钱存入了银行。于是经济学家詹姆斯·托宾就在这张图中加入了无风险资产的概念,即图中的点 A。存款没有风险而且有利息收益。然后将点 A 与有限边界线①中的点 B 连接并延长,得到线②。

在投资组合只包含股票的情况下,假设存在风险最小而预期收益最大的一种最佳投资组合(因为是"最佳",所以是唯一的),这就是点 B 所表示的股票投资组合,被称为"有效投资组合"。投资组合内的各种股票遵循"有效市场假说"的原理,受市场参与者的影响有效地形成价格,那么,市场作为被有效定价的股票的集合体,其本身的风险和收益的关系也应处于有效的状态。因此,股票投资中的"有效投资组合",就是购买市场本身,从风险和收益比率来看这是最有效的。如果想要获得比"有效投资组合"更高的回报,就需要承担更大的风险。

只持有存款而没有购买股票的投资者,如果取出存款并开始购买 B 点的股票投资组合,其收益就会由 A 点向 B 点移动,股票的占比越大,离 B 点越近。当存款的比例为零,而股票的比例达到 100%,则到达 B 点。如果从 B 点开始希望通过改变股票投资组合提高收益,则线①将向下发生弯曲,这意味着随着风险的增加收益将会降低。但是,如果在最佳股票投资组合的 B 点借入资金增加购买量,则收益将如线②所示直线上升。将 B 点的最佳"有效投资组合"商品化，就是指数基金。另外，可以将股票投资组合的选择与存款等无风险资产的组合比例分别进行考虑，这就是托宾提出的"分离定理"。

将"有效投资组合"，即与整个市场具有相同的成分构成比率的指数以基金的形式商品化，就是指数基金。按照上述理论，则进行股票投资既无须选择股票种类，也不必费心判断各个股票的买卖时机，因为指数的成分构成是固定的。

第六十九回

指数基金

考尔斯经过潜心调查历史上的实际数据，发现购买股票指数比听从投资专家的建议进行投资收益率更高（第六十六回）。另外，在第七十回将提到，迈克尔·詹森于1969年考察了115只信托投资10年的情况，其中只有26只信托投资战胜了指数投资。如此看来，既然投资者事先无法断定哪只信托投资能够胜出，与其沙里淘金，不如直接投资指数基金，保证成为赢家。

但是，在华尔街，有调查机构，还有证券分析师以及销售员。当时，这些行业的收入来源就是通过提供各种股票证券信息赚取手续费。对于他们来说，指数基金相当于否定了自己的工作，因此他们对此业务完全不积极。如果投资者购买了指数基金，就没有必要进行股票或证券的品种选择，持有期间也不必再进行买卖。基于上述理由，华尔街对于指数投资的相关理论持消极态度，因此指数基金最初实现商品化，是在美国西海岸的银行。

第一只指数基金出现在1971年7月。旧金山的富国银行的资产管理部（这一平台后来演变为巴克莱全球投资公司，现被贝莱德集团收购）为新秀丽公司600万美元的年金基金建立了指数账户。但是本次投资是基于纽约证券交易所（NYSE）上市的1500只股票的等权重指数，即使是对于股票时价总额较高的GM（通用汽车）、GE（通用电力）公司，投资金额也只能与其他中小市值公司相同。也就是说，没有考虑指数内部各个股票种类的权重分配，因此并不是"市场投资组合"。或许在当时，市值加权的理念和条件均不具备。可想而知，这只基金的投资结果并不理想。

此后，富国银行经过不断的试错摸索，于1973年用本公司职员的500万美元年金加上伊利诺斯贝尔电话公司的500万美元年金建立了基于标普500指数的共同基金（全体出资者共同运营）。1975年，Barra公司成立，并开发提供了指数投资中不可或缺的股票风险预测模型。1976年，指数投资先驱约翰·博格尔的美国先锋集团开始向个人发售指数基金。

华尔街有一句名言,"共同基金需要主动去卖(销售),而不是等着客户来买",这在第五十七回曾经提到过。从投资者的角度来看,指数基金有着诸多优点,但是从证券公司来看却没有太大的吸引力。由于证券公司没有进行积极推销,指数基金并未立即普及开来。

指数基金直接以市场整体或者特定的指数成份股作为投资对象,无须考虑买卖时机,只需长期持有。其因这种不主动寻求超越市场表现的特点,而被称为"被动型基金"。与之相对,通过咨询基金经理选择投资对象,判断时机反复进行买卖交易的基金,因其主动寻求超越市场表现的特点,被称为"主动型基金"。

投资主动型基金需要聘用经验丰富的基金经理,以及判断选股的分析师,在资金运营上成本较高。而且在买卖过程中还会产生"交易执行成本",包括支付给证券公司的手续费,以及买卖差价产生的成本——买入时股价高于当前值,卖出时股价低于当前值。这部分成本似乎微不足道,但随着频繁的买卖也会成为一笔巨大的成本负担(当时美国和日本的报价幅度很大)。而指数基金的特点就是成本极低。主动型基金通过基金经理的积极运作,扣除成本前的运营结果能够达到市场平均水平,但是如果算入这些成本,其收益就不如指数基金了。

由于与自身利益密切相关,指数基金经理非常重视成本控制，他们注重基金的规模利益，开发出了多种降低资金运营成本的交易方式。例如不在市场执行交易过程的"交叉交易"（合同资产之间无成本的交叉买卖），利用交易成本较低的期货进行"期货转现货"（EFP：Exchange for Physical，执行相较于现货股更有价格优势的期货合约，之后再转为现货股），股票贷款时使用"整体借贷"（进行指数成份股整体借贷，则提供利率优惠）等。如果没有指数成份股的整体借贷，就不会出现卖空单只股票的大型对冲基金。在做空时需要借股卖出，而指数基金则是最大的提供方。

1974年，美国开始实行《雇员退休收入保障法》，通称"ERISA法案"，规定了进行年金运营的投资机构应担负的受委托方责任。为了防备万一出现重大失误而面临法律诉讼的情况，资金运营不能再依靠感性的技术分析，而需要有学术性的依据作为支撑。"日经平均指数图上出现了类似三尊天井的形状，由此做出了卖出的判断，结果导致了损失"——这样的辩解在法庭上是行不通的。为了能够在运营失败时提出充分的依据，越来越多进行年金管理的投资机构开始采用学术界公认效益最佳的指数基金。1975年，美国实现了股票交易手续费的自由化，因此，大型投资银行的经营收益对股票交易手续费的依赖程度降低，需要寻找新的获益途径。华尔街上，技术分析师风光不再，取代他们的，是人数日益增多的研究随机漫步理论的学者以及从NASA辞职的数学家。

手续费的取消带来了诸多影响。原本波澜不惊的承销领域也开始了竞争。1979年，IBM首次发行公司债券，却拒绝由摩根士丹利担任债券的独家主承销商。当时，摩根士丹利虽然是证券承销业界的王者，但是它本身是投资银行，并不是证券公司，也没有债券的销售交易专柜，因此饱受非议。长久以来的合作传统被打破，摩根士丹利遭到拒绝，这是前所未有的事情。这种日本常见的依靠"长期业务关系"决定"主承销商"的方式开始解体。此后，摩根士丹利、高盛等作为合作伙伴的投资银行资本过少的问题浮出水面，并直接导致大型投资银行公开募股，筹集资金。

1980年前后，由于政府财政赤字逐年增加，美国的国债市场也日趋庞大，美联储在主席沃尔克的领导下，采取措施抑制通货膨胀，对市场的影响越来越大。为了探明市场动向，美联储观察员应运而生。1981年IBM公司开始发售个人电脑，并迅速普及开来，成为各个员工办公桌上的必备品。而离开所罗门兄弟公司的迈克尔·布隆伯格（2013年担任纽约市长）则开始依靠自己的技术背景提供详细的债券资讯服务。股价、债券回报率、汇率、期权价格、抵押债券等数据的分析也不再是专业分析师的专属领地。金融行业的新入职人员大多在大学期间学习过"金融理论"，以前令老一辈证券从业者不胜其烦的金融理论，也逐渐在债券认购业务、企业收购、期权业务以及套利交易等越来越多的领域大显身手，逐渐成了华尔街的常识。

第七十回

巴菲特论战詹森

有效市场假说建立的前提是：市场中存在的所有股票品种都得到了投资者的关注，股价反映了市场上所有的信息。但现实是，有一些股票品种无人关注，几乎没有交易量，华尔街的证券公司不会特意花钱请分析师去研究分析这些股票，也不会发布投资者不感兴趣的报告。在股市上，既有苹果公司这样令人们竞相追逐、令各家证券公司投入数十名分析师开展业务的股票，也有无人问津的"被冷落的股票"（Neglect Stock）。这类股票的价格并不反映有效市场假说所预设的活跃流动的市场信息。由于无人关注，其价格或在低位徘徊，或居高不下。而且，人并非机器，不可能像感应器一样随时感知市场上的所有信息，进行经济合理的判断和行动。即使是动物也有利他性行为。随着决策模型的不断进化，根植于感情和感觉的误解难免会出现。行为经济学开始质疑以往经济学的研究前提——人类是完全理性的。按照有效市场假说的预设，百密而无一疏的投资者能够瞬间做出准确决策，在股价低位时买进，高位时卖出，但事实并非如此理想。

另外，本书第六十七回介绍了道琼斯指数日收益率的柱状图，之所以整个曲线图呈正态分布，是因为统计数据长达116年。如果仅观察一两年内个别股票的数据，曲线图将出现变形，当然也会出现短期回报率大幅偏离长期平均值的情况。根据"随机漫步理论"的主张，用来进行投资决策参考的收益和风险数据，不可能真正"预测"市场，它们仅仅是一去不返的历史。即使如此，人们依然将其认定为正态分布，套用标准差，依据"样本均值将收敛于总体均值"的大数定律进行各种计算。这一矛盾至今尚未解决。人们希望将现实世界放入概率和统计的框架中进行分析与把握，但现实世界并不会依照概率和统计运转与发展。

还有，"金融理论"提出了一个完美的结论——利用"有效投资组合"的指数投资收益率最高。但是在现实当中，仍有一些基金经理人连续数年战胜指数。当然不可否认，有不计其数的基金确实难敌指数投资，但是只要这些杰出的基金经理人确实存在，其否定者就不得不思考他们存在的原因。

对于这些通过积极运作实现高额投资回报的基金经理人，

CAPM（资本资产定价模型）的提出者、有效市场假说的拥护者，也是诺贝尔奖获得者的经济学家威廉·夏普曾经揶揄道："就算是扔硬币，多扔几次也会出现连续10次正面的情况。"

也就是说，在众多基金经理中，从概率上来讲，偶然有人做出优秀的业绩是必然的，这与投硬币一样，与个人能力无关，全凭"运气"。即使是完全靠"运气"的游戏，进行几轮淘汰也必然会有人最后胜出，这与能力毫无关系。最重要的是，因为这是偶然事件，投资者事前无法判断谁将成为投硬币的最终获胜者。

1984年，在哥伦比亚大学召开了"格雷厄姆与多德著《证券分析》出版50周年纪念会议"，这次会议至今仍是人们津津乐道的话题。因为在会议上，发生了围绕着"有效市场假说"的论战，争论焦点是过去的投资方式和指数基金孰优孰劣。

辩论的双方是金融界的两名风云人物。一位是支持基金的运作成绩不可能战胜指数，即主张"有效市场假说"的经济学家迈克尔·詹森，另一位是被誉为史上最强价值投资人（通过分析企业经营状况发掘质优价廉的股票品种的投资家）、认为"有效市场假说"并非完全正确的沃伦·巴菲特。这次论战后来被多方引用，十分经典。

詹森在会议开始时，引用了威廉·夏普揶揄"主动型基金"时提到的投硬币的比喻，指出存在一些优秀的基金经理人就和投硬币一样，经过多轮淘汰必然产生胜者，这只是偶然，不会长期持续。詹森对巴菲特发起了挑战。

对此，巴菲特进行了反驳。事先，他已经从与会者中遴选列出了9名长年击败股票指数的成功投资者。这些投资者并非仅凭结果选出，而是巴菲特从15年前就看好并持续关注的人士。虽然他们的具体运营方式各不相同，但是投资方法都无异于格雷厄姆和多德合著的《证券分析》中的方法。

在进入正题介绍这9名投资者之前，巴菲特首先回应了詹森的话题，也从投硬币开始谈起。

假设存在一场全美投硬币大赛。从明天早晨开始，全美2.25亿国民都掷出硬币，并以1美元为赌注猜正反面。此后每天抛掷，输者被淘汰，而胜者的奖金则不断增加。到了第10天的早晨，约有22万人连续胜出，赢得1000美元。到了第20天，有215人胜出，获得100万美元，成为百万富翁。这时，这些赢家可能会洋洋得意，自诩为天才。有人会著书立说——《如何在20天赚到100万》，而且一定会有读者；更有甚者，会飞到全国各地参加研讨会，讨论"如何有效地投掷硬币"，并且嘲笑那些提出质疑的金融学教授："如果你说这种事情是不可能的，那么我们这215个人是从哪里来的？"

对此，金融学教授们（夏普和詹森）一定会反驳道：即使是2.25亿猩猩参加投硬币大赛，结果也一定会产生215只狂妄自大的猩猩获胜者。但是，如果我们调查一下这些猩猩的出身，情况可能就不同了。

假如我们发现，其中的40只猩猩都来自奥马哈（巴菲特的大本营）的某个特定的动物园。学者们一定会为之哗然，坚信这是个重大发现。人们一定会来到这家动物园，询问饲养员它们吃了什么饲料、做了什么特别的运动、看了什么书、认识什么人等等。

你会发现，在投资界，大多数投硬币的赢家都来自一个名为"格雷厄姆–多德村"的小村落。如果进一步调查这9名格外成功的投资人，你还会发现，这9人中有人是格雷厄姆的学生，也有人不是，但他们每一个人都是通过比较公司的效益和资产，找出更为价廉质优的股票品种，而并不在意市场的行情（笔者注：指不关注图表分析）。能够看到企业股票市场价格与其内在价值之间的差异，信奉格雷厄姆和多德所著《证券分析》的投资者必将继续获得成功。

之后，巴菲特依次介绍了9位来自"格雷厄姆–多德村"的投资人的成功案例。他主张，市场价格和本质价值并不一致，如果能够认真分析企业的基本面，准确评估其内在价值，一定能够战胜市场，实现优于市场平均指数的投资。市场并不是有效的。詹森和巴菲特的这场辩论被哥伦比亚大学记录成册并出版发行，现在还可以在网上找到。巴菲特运作的伯克希尔–哈撒韦股票，在他获得公司经营权时价格仅有18美元，到2007年下半年，已经涨至151 650美元，上涨了8425倍。而其间的道琼斯工业指数仅上涨了14倍。

图15-5是从此次论战6年后的1990年至2012年年末期间，伯克希尔公司股价和MSCI指数（摩根士丹利资本国际指数）的走势比较。由于伯克希尔公司的股票不分红，因此图中用来进行比较的是将分红进行再投资后计算出的MSCI指数。

如图15-5所示，可以理解巴菲特无法相信市场是有效的。那些仍然使用传统方法的证券从业者或许也能因此而释怀。但是现实当中，优秀的"格雷厄姆－多德村民"凤毛麟角，普通的投资信托还是无法战胜指数投资。

图15-5　伯克希尔公司股价与MSCI指数
资料来源：雅虎财经及MSCI BARRA。

第七十一回

对有效市场假说的批驳

20世纪80年代中期,IBM的个人电脑在华尔街的投资银行普及开来,可以轻松地利用标准普尔公司开发的股价及企业财务数据库"Compustat",对过去的股价和财务数据进行分析愈加便捷。以前只有研究人员和分析师才可以使用的数据库访问量剧增。于是,不少股票交易员等一线业务人员便不时发布一些在有效市场上不应该出现的股价异动。这些变动难以用既有规则进行说明,被称为"异象"(anomaly)。

例如,为了降低年末需缴纳的税款,不少投资者会在报税前沽出账面亏损股份,而到了翌年1月,又将之前套现的资金重新投放股市,从而形成"一月效应";还有休息日结束后周一开盘时行情上扬的"股市星期一效应"等。实际上，大部分"异象"效应在现实操作中，由于手续费以及执行成本，从结果上来看并无收益。这也不足为奇，生意人原本就不会将真正的赚钱机会对外宣传。而另一方面，"异象"中也不乏一些具有持续性的大趋势，其中颇具代表性的就是"小盘股效应"。

很多研究人员发现，小盘股的表现持续优于市场指数。一般来说，大多数小盘股都不是证券公司分析师的业务对象，进行买卖的投资者也很少，因此长期维持低价。由于公司规模较小，也相对容易实现两三倍的效益增长。另外，也有说法认为，小盘股效应是对于业绩不良企业存在的风险而产生的市场溢价（越是面临倒闭的公司，成功时股价就越高）。

还有一种被称为"价值股效应"的异象。关于价值股的定义众说纷纭，一般是指相对于企业的保有资产而言股价被低估的股票。这与巴菲特的投资理念颇为接近。图15-6是MSCI公司的全收益指数图。所谓全收益，不仅包含股价上涨获得的收益，还包括分红再投资获得的全部收益。图中进行对比的，是代表美国市场整体情况的美国股价指数和仅选取其中的价值股票的指数。

2000年爆发互联网泡沫的时候，对于股价高出公司资产价格数倍的高科技股票，巴菲特毫无兴趣，表示："我不会投资于难以理解的事物。"依照有效市场假说，股票的本质价值就是股价本身，而巴菲特并不赞同，这在上一回已经提到过。他认为，"市场价格也会是不合理的，应该分析企业的业务情况和财务报表，计算其本质价值，并与市场上的股价进行比较，找出价廉质优（有价值）的股票进行投资。"

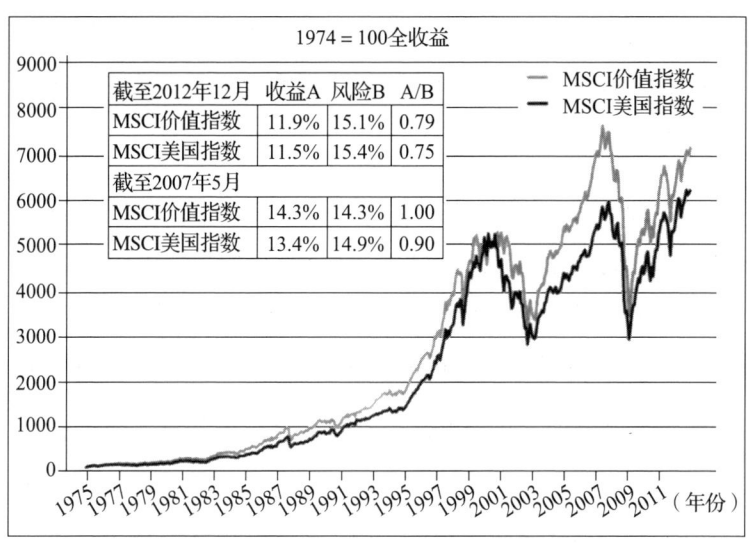

图 15-6　MSCI 美国指数与价值指数

资料来源：MSCI BARRA.

就如同以前出现的新理论曾被华尔街拒之千里，这一次，对于这些有悖于有效市场假说的事实，随机漫步理论的学者采取了视而不见的态度。避而不谈于己不利的事物，原本也是人之常情。但是后来，精于生意的威廉·夏普在华尔街出售了自己的风险模型；提出布莱克－斯科尔斯期权定价模型的费希尔·布莱克和迈伦·斯科尔斯分别就职于高盛集团和所罗门兄弟公司，情况逐渐改观。其他金融学教授也开始创办自己的公司，越来越多研究金融理论的学者走进华尔街，投身于现实的市场。布莱克曾经说过："在哈德逊河边看到的市场有效性要比在查尔斯河边看到的差很多。"

查尔斯河位于麻省理工学院所在的波士顿，哈德逊河位于投资银行高盛集团所在的曼哈顿。布莱克用这段话坦言了自己的领悟：在学术的象牙塔里市场看起来是有效的，然而现实市场并非如此。

1992年，"有效市场假说"的提出者尤金·法玛和肯尼思·弗伦奇发表论文，提出了解释股价的"三因子模型"，承认了小盘股效应和价值股效应。三个因子分别为，此前夏普作为唯一因子所提出的CAPM中的β值，以及新纳入考量的小盘股效应和价值股效应，即规模因素和价值因素。

翌年，三因子模型中又加入了"动量"（momentum）这一因素，出现了四因子模型。但有观点认为这已超出了经济学理论的范畴。

之所以会出现这样的异议，是因为"动量"因素的实质，就是随机漫步理论率先否定的"股价的记忆"这一概念。分析从3个月到12个月期间的数据，可以发现股价的趋势是，上涨的股票持续上涨，下跌的股票持续下跌。这原本是随机漫步理论所蔑视的技术分析的领域，然而，加入这一因素后对于股价的解释力确实增强了，这也是不争的事实。从结论来看，市场既不是"完全"随机的，也不是"完全"有效的。第六十七回中提到的道琼斯指数的"钟形曲线"也多少有些异样。不过，即使如此，从实际情况来看，市场的随机漫步理论和有效性假说都在某种程度上具有其合理性，我们还是会以此为前提进行各种分析。

小盘股效应、价值股效应和动量这三个因素的作用时强时弱，其原因尚不明确。另外，由价值股构成的巨额基金在进行组合时，因持续购买同一股票品种，价值效应就会发生作用，然而在股市暴跌、基金被大量抛售时，价值效应会作用于相反方向，导致过度抛售。小盘股也不例外。在美国金融危机发生之前，价值效应尚且有效，而危机之后价值效应就开始产生了完全相反的效果。总之，这些特定效应具有"自我实现"的性质。

在日本，一味主张指数基金是最佳选择的人也逐渐减少。但是指数基金在运用成本方面仍然具有优势，投资者只要购买后长期持有即可，不会产生买卖成本，也不必在股市花费过多的时间，依然是最为稳妥的投资手段。另一方面，考虑到过度交易而产生的运用成本负担，明确主张长期投资，同时注重与投资者沟通的优质主动型基金也不断增加。最根本的问题在于，政府对市场参与过度，保护主义使得企业之间难以形成有效竞争，出现很多僵尸企业。这样的股票市场整体，果真是最有效的市场投资组合吗？换言之，TOPIX（东京证券交易所指数）的指数投资果真是有效的吗？

以上，我们概览了关于资产运用和股票投资的金融理论的发展史。由于是从投资者视角进行梳理，因此讨论焦点在于被动的指数投资和主动的资金运用哪种方式更有利。但是，"有效市场假说"的贡献，或者说"金融理论"的社会贡献远不止于此，甚至超乎我们的想象。

依靠这些理论，风险预测成为可能，市场得以形成，且风险实现了价格化。从而出现了金融衍生产品，这大大丰富了我们的生活。

出口产品的企业可以利用货币期货以及期权等金融衍生品，实现汇率变动的对冲，从而稳定出口价格，确保企业利益。电力公司等能源进口公司也是如此。如果普通家庭的电费每天都随着原油价格和汇率的变动而发生变化，消费者将不堪其扰。另外，利用金融衍生品提前确定了航空燃料的成本，计算出飞行费用，才能够实现机票的预售折扣。在金融领域，保险产品以及便利的住房贷款都离不开金融衍生品。

当然，"金融理论"也是一把双刃剑。正是基于这些理论，美国住宅金融市场的信用过度膨胀，形成了巨大的泡沫并最终引发了次贷危机。但是，毋庸置疑，"金融理论"以及负面评价颇多的金融衍生品绝对不是倒退，而是一场技术革命，是一个进步。

本书将于下一回进入尾声。最后，我们将确认的是，在上面回溯的历史长河中，我们现在究竟居于何方。

第七十二回

大稳健时代与美国金融危机

图15-7"标普500实际价值"显示了从2010年起追溯至1920年的标普500指数实际价值,即在标普500指数的基础上,计入消费者物价指数,对通货膨胀进行调整之后得到的数值。本书中有多张曲线图就是基于该指数的部分片段制作的。由于指数数字的跨度过大,因而纵轴采用对数值,请各位读者注意。在对数图中,曲线的倾斜程度就表示增长率。

图中各阶段分别是:①1930年初股市暴跌后,罗斯福推行新政,布雷顿森林体系建立;②由于推行了凯恩斯主义经济政策,20世纪五六十年代,经济发展平稳,股价大幅上涨,美国经历了"黄金60年代";③20世纪70年代,由于尼克松冲击和两次石油危机，美国经济出现通货膨胀，实际股价大幅调整；④20世纪80年代，美联储主席沃尔克采取措施抑制住了通货膨胀，里根总统推行放宽管制的新自由主义经济政策，取代了凯恩斯主义；⑤2000年，由于互联网泡沫股市达到顶峰，此后美国政府采取了大幅放宽限制的金融政策，通货膨胀率上升，实际股价进入了调整期。和日本相比，美国的股价指数表面看起来强势，而实际股价则处于调整期。

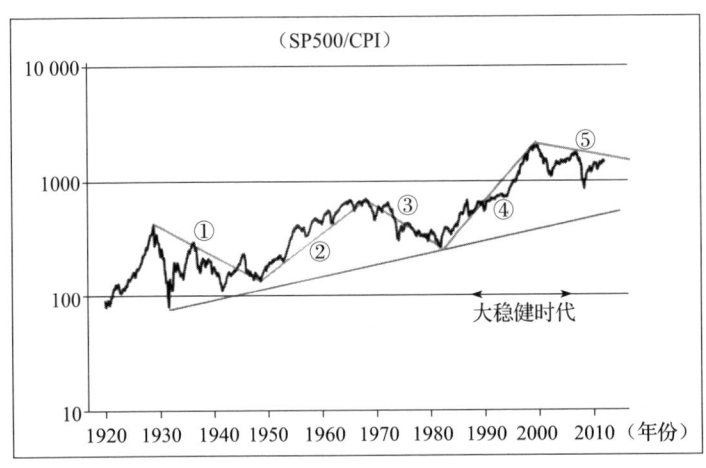

图15-7　标普500实际价值

资料来源：Dr. Robert J. Shiller HP.

1988年，格林斯潘接替沃尔克就任美联储主席。此后直至2006年，虽然股价经历了波动，而GDP的增长率和物价指数的变动都很稳定，相对于发生通货膨胀的20世纪70年代的大萧条来讲，这一时期被称为大稳健时代（Great

Moderation）。这一时期不仅美国，全球各发达国家都迎来了经济的稳定成长期，日本则处于泡沫经济以及其后的调整期。

关于大稳健时代到来的原因，专家学者虽莫衷一是，但大致有以下几点：①沃尔克主席上任以来，金融政策及调控手段愈加成熟；②信息技术的发展带来的生产管理技术的进步；③放宽经济管制使企业拥有了更大的自由度等。

将这一时期的曲线图放大，就得到了图15-8"大稳健时代与美国金融危机"。图中的两条曲线是标普500指数和实际股价指数。由于时段较短，数值跨度不大，因此本图的纵轴采用普通数值。

图15-8　大稳健时代与美国金融危机

资料来源：Dr. Robert J. Shiller HP.

从标普500指数的实际价值来看，由于2000年互联网泡沫的出现，美国股市在大稳健时代结束之前就已经达到顶峰。

为应对互联网泡沫的破灭，美联储采取了大胆的放宽金融管制的政策，而这却导致了2007年的房地产泡沫。结果，冒着高风险向低收入人群发放的购房贷款——次级贷款不能按期偿还，而为购房贷款提供担保的联邦国民抵押贷款协会（房利美）和联邦住宅贷款抵押公司（房地美）等政府资助企业（GSE），信用结构严重失衡，终致实质性破产。此后，全球金融市场都进入了信用紧缩。

次贷危机也给人们造成了巨大的心理冲击，雷曼事件之后的全球金融危机引起了广泛关注。而从美国的实际股票指数来看，股市的调整从2000年互联网泡沫中的顶峰期就开始了。

虽然从表面来看，美国的股市在不断刷新最高值。但计入物价指数之后，我们发现，2012年年末美国的股价相比峰值向下调整了约30%。如果仅看标普500指数，美国股市似乎始终居高不下，但是，从实际股价指数的长期历史走势来看，美国股市实际上一直处于调整期。

那么，到底是什么抑制了2012年之后实际股价的上升呢？我们认为，其原因就在于一些"尚未解决的问题"——美国政府承担了次贷危机之前不断膨胀的庞大的民间债务，欧盟面临着南欧问题，日本则疲于应对泡沫经济破灭之后难以稳定的财政政策，以及人口老龄化带来的愈加沉重的社会福利负担。2012年之后，各个发达国家都积累了并不轻松的政府债务，只是程度略有差异而已。

2012年之后，美国不时发布页岩气开发等利好消息。随着经济的复苏，税收的增加，债务问题或将圆满解决。但是，也许有不少的国家，还是会采用历史上的惯用伎俩来摆脱困境，如改变货币价值，就像狄奥尼西奥斯一世将1德拉克马银币重铸为2德拉克马，或如战时的德国魏玛共和国那样改换货币，或如二战中的日本采取存款冻结政策。当然，也有可能，各国在稳定的通货膨胀的大环境中，恢复经济，增加税收，逐步解决政府的债务问题。

对于日本的股市水平，我们也应该从多个角度去观察。一般而言，一个国家的经济规模和股市水平有着一定的关系。当然，对于股市进行短期预测是不会使用GDP数值的，但是，如果舆论认为经济繁荣，股价便会上涨，因此，从长远来看，经济规模较大的国家其股市规模也较大，这一点不言自明。因此，名义GDP与股市规模，可用于衡量资本主义以及工业化的发达程度——例如东京奥运会之前农村人口较多时日本的工业化程度等。在世界银行的官网上，登载着各国的股市总市值与国内生产总值（名义GDP）的比率一览表，可供参考。

图 15-9 中的曲线是 1949 年开始日本东证一部的股票总市值除以名义 GDP 计算所得的比率。数值从战后 10% 以下的水平为起点，经历了"刘易斯拐点"——农村人口向城市转移之后，在东京奥运会之前，达到了 30%。此后，泡沫经济时期曾一度达到 140%，到 2013 年则在 60% 到 100% 之间徘徊。这一数值在本书出版前的 2013 年 3 月末，约为 80%。从经济实力来看，到 2013 年的股价并非过低，也未形成泡沫。这张曲线图告诉我们一个非常简单的道理：如果日本希望实现股价翻倍增长，那么经济规模的名义值也必须增加 1 倍。若只有股价不断上涨，日本必将重蹈泡沫经济之覆辙。

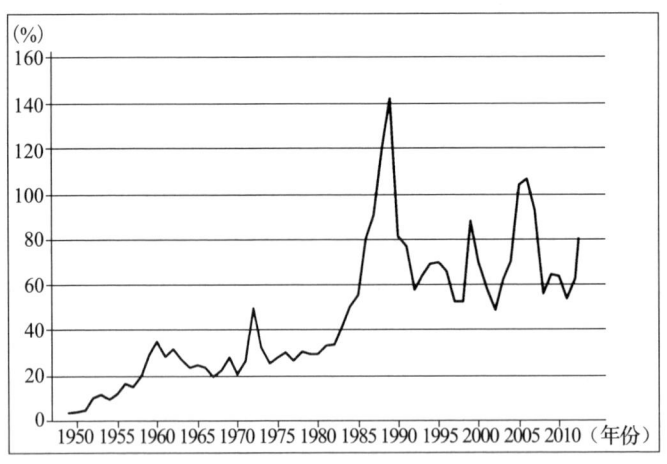

图 15-9 东证一部的股票总市值 ÷ GDP

资料来源：东京证券交易所、内阁府（1949～1954 年是 GNP 数值），《近代日本经济概览》。

在美国市场上，前文提到的沃伦·巴菲特将此数值作为一项衡量指标，认为这一比率位于 70%～80% 之间，就是进场购买股票的时机。不过，美国市场在互联网泡沫时此比率曾高达 190%，2012 年末为 103%。这在日本已是较高水平，而在美国却属于正常值。一般来说，美国的股价总市值占 GDP 的比率通常高于日本。

进入 21 世纪，日本的投资对象从发达国家扩展到发展中国家。2001 年，高盛资产管理业务主席吉姆·奥尼尔提出了"金砖四国"这一概念，指巴西、俄罗斯、印度和中国这四大成长前景看好的新兴市场国家。如今，中国的 GDP 已经超越日本位居世界第二，今后，想必会有更多新兴国家急起直追。现在，吉姆·奥尼尔的公司正在运作"金钻 11 国"股票基金。这 11 个新一代市场国家包括被称为"迷雾四国"（MIST）的墨西哥、印度尼西亚、韩国、土耳其，以及孟加拉国、埃及、尼日利亚、巴基斯坦、菲律宾、越南和伊朗（据称因核问题并未在伊朗进行投资）。另外，虽然鲜为人知，但非洲各国以及蒙古也迎来了资本市场的黎明期。

南美各国，在美国市场上曾经几度被认定为新兴市场而受到瞩目。"巴西是个有发展前景的国家。不过问题是，在这 100 年间，它一直都只是一个有发展前景的国家。"新兴国家的股市表现如图 15-10 所示。

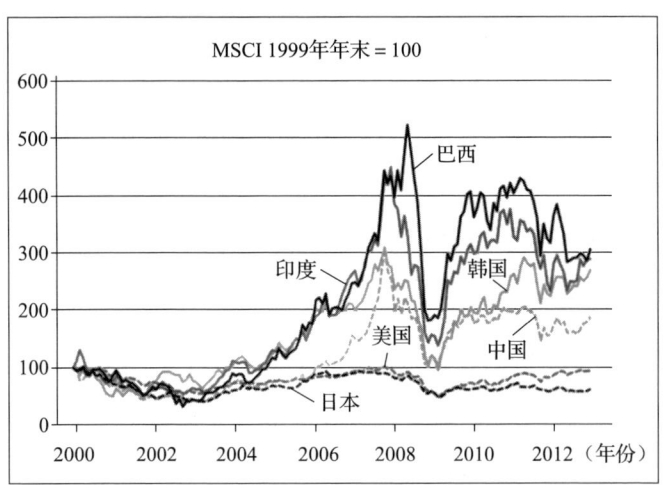

图 15-10 新兴国家的股市表现
资料来源：MSCI BARRA.

这是 20 年前一位巴西船员曾经说过的话。高回报必然伴随着高风险。如果我们简单地认为 2012 年的巴西就好似高度增长时期的日本，恐怕就大错特错了。

参考文献

[1] 債券本体と利子支払のクーポンを分離したストリップ債の発明者でもある。
[2] カール・ポランニー『経済の文明史』ちくま学芸文庫、236頁
[3] ジョナサン・ウィリアムズ『図説お金の歴史全書』東洋書林、27頁
[4] ジョナサン・ウィリアムズ『図説お金の歴史全書』東洋書林、203頁
[5] 村上隆『金・銀・銅の日本史』岩波書店、91頁
[6] 東野治之『貨幣の日本史』朝日選書、74頁
[7] Furness, William Henry "Island of Stone Money: Uap of the Carolines" J.B.Lippincott Co., 1910
[8] ミルトン・フリードマン『貨幣の悪戦』三田出版会、19頁
[9] 家島彦一『イブン・バットゥータの世界大旅行―14世紀イスラームの時空を生きる』平凡社新書
[10] J.H.フラマン『簿記の生成と現代化』晃洋書房、64頁
[11] 上垣渉『はじめて読む数学の歴史』ベル出版、208頁
[12] J.H.フラマン『簿記の生成と現代化』晃洋書房、108頁
[13] リジー・コリンガム『インドカレー伝』(河出書房新社)には前後のカレー事情が記述されている。
[14] ニール・マクレガー『100のモノが語る世界の歴史3』筑摩書房、134頁
[15] 『重商主義』の用語法については、ロンド・キャメロン『概説世界経済史Ⅰ』東洋経済新報社、108頁

[16] ウィリアム・バーンスタイン『「豊かさ」の誕生』日本経済新聞出版社、188頁
[17] ニーアル・ファーガソン『マネーの進化史』早川書房、189頁
[18] 中野常男、神戸大学大学院ディスカッション・ペーパー『18世紀英国の金融不祥事と会計監査』2012年
[19] イギリスは一七〇四年にジブラルタルを占領していた。
[20] 杉江雅彦『投機と先物取引の理論』千倉書房、7頁
[21] 杉江雅彦『投機と先物取引の理論』千倉書房、16頁
[22] ション・ミクルスウェイト、エイドリアン・ウールドリッジ『株式会社』ランダムハウス講談社、58頁
[23] アダム・ファーガソン『ハイパーインフレの悪夢』新潮社、88頁
[24] 岩田規久男編『昭和恐慌の研究』(東洋経済新報社)に当時の金解禁を巡る議論の詳細が書かれている。
[25] 児島襄『日本占領2』(文春文庫)にはその様子が描かれている。
[26] ミルトン・フリードマン、アンナ・シュウォーツ『大収縮 1929—1933「米国金融史」第7章』日経BPクラシックス
[27] 岩田規久男編『昭和恐慌の研究』(東洋経済新報社)
[28] ロンド・キャメロン『概説世界経済史Ⅱ』東洋経済新報社、238頁
[29] アンガス・マディソンのデータベース Groningen Growth and Development Centre,University of Groningen,Maddison Project Database より
[30] こうした論文は Cowles Foundation for Research in Economics のウェブサイトでダウンロードできる。

后　　记

苏美尔人由于需要记录库存管理等信息而发明了文字。从这些文字记载中，我们得知货币产生之前就已经出现了利息，还找到了现代各种商业模式的原型。但当时市场还未产生。后来，小亚细亚发明了货币。希腊罗马时代产生了市场，留下了大量关于利息和金融的记录。随后历史进入了禁止征收利息的欧洲中世纪。

11世纪前后，地中海与波罗的海开始进行贸易，文艺复兴成为重要的转折点。由于战争，以战船火炮为代表的武器不断发展，军费开支越来越高。即使因为宗教原因禁收利息，国王从其他途径借款的必要性也日益凸显。于是，议会开始发挥作用，限制国王无度的借款，并管理国债以维持国家信用。

此外，还有一个史实不容忽略，这一时期，欧洲从伊斯兰世界引入了阿拉伯数字和复式簿记，成为此后金融业发展的根基。正如"普拉托商人"中所述，银行业和金融业的基础，就在东西方文明交融的文艺复兴时期的意大利获得了发展。

中国以及其他地区也出现了各自的货币体系和金融市场，但由于现代世界金融市场是以英美法等国家为中心而成立的，因此叙述金融史不可避免地要以欧洲为核心，而其中的转折点就是大航海时代。在此之前，中国明朝的永乐大帝就派遣郑和率领庞大的舰队下西洋，航行至阿拉伯半岛以及非洲。虽说历史不能假设，但是，如果当时郑和航海的目的地是欧洲，那么历史将会被改写。

此后，大量白银从新大陆流入了欧洲，引起了价格革命。英国通过巧妙运作，将这些白银储存起来，为即将到来的工业革命积累了所需的资本。与法国、德国、俄罗斯等大陆国家不同，英国作为岛国，无须发展耗费大量军费的陆军，而是着力于海军建设，这也是英国独具的优势。最重要的是，当时英国社会尊重个人财产权，对待不同宗教和民族持宽容的态度，这吸引了世界各地的资金。金融市场本是民间"动物精神"的晴雨表，在政府干预较少，自由的社会环境中才能繁荣发展。

拿破仑战争结束后的19世纪，以金本位制度为基础的货币制度、近代金融市场以及股份公司制度在不列颠治下的和平中孕育，并于维多利亚王朝时代诞生。近代的股份有限责任制公司也出现在这一时期。之后，美国逐渐强大，而日本也在其强势之下被迫打开国门，加入了国际社会。所谓"加入国际社会"，意味着金钱和商品的流动。在20世纪初日俄战争当中，日本对于国际金融资本的协调，比起战争本身更能扩大本国在国际社会上的影响力。

19世纪末，查尔斯·道开发出股价指数，近代股票投资迎来了黎明期。一战期间，电话电信开始充分应用于证券交易，战后美国取代英国掌握了世界霸权。在"咆哮的20年代"，美国总统柯立芝通过广播话筒向国民进行演讲，按月分期付款的方式促进了家电和汽车的热销。只有卓别林保持着冷静，将目光投向了路边的失业者。另外，一战结束后，对德国的制裁迟迟难以执行，美国又经历了大恐慌，世界再次被卷入战火，二战爆发。

布雷顿森林体系的中心货币美元，与世界性的通货膨胀同时陷入崩溃。不再是军事国家的战败国日本和德国战后获得了飞速发展，开始威胁到美国的霸主地位。

另外，对于技术革新和金融市场来说，一件重要的盛事就是，从20世纪60年代大型计算机的使用，到80年代个人电脑的普及，信息和通信实现了数字化。新的金融产品层出不穷，信息传播速度加快，大大缩短了世界各地之间的距离。

在众多学者的扎实努力下，金融理论不断发展，最终的结论是，股价不可预测，即"随机漫步理论"。另外，风险可以进行量化计算，以此为基础能够建立起高级信用结构。但是，对于金融技术的过度信赖，加之人类自古难泯的点石成金的贪欲，导致金融杠杆被过度使用，人类重蹈历史上泡沫经济的覆辙，这就是全球金融危机。这也显示出，本该随机游走的证券价格，也并非完全如此，"黑天鹅"比人们预想的要多。

因此，这只是人们将现实现象放入概率和统计的框架当中去解释，而并非框架支配现实。即便如此，实用的金融技术在这些理论框架下仍然不断发展，设计对冲风险的产品也成为可能，正是这些技术支撑着我们今天的日常生活。

随着计算机和互联网的发展，手续费的自由化程度越来越高，出现了网络证券。手续费和证券信息实现了商品化，个体投资者也可以拥有与以前兜町的证券交易员同等甚至更理想的投资环境和投资信息。如果能够看懂简单的英语，还可以免费、实时、便捷地获得曾经价格高昂的海外信息。网络使用的差异导致人们的金融分析能力千差万别。从技术革新的角度来看，目前信息领域尚处于发展阶段，因此可以说，金融领域也同样正在发展当中。

日本及其他各个发达国家的国债仍然不断累积，在此背景下，本书更多着墨于探讨金钱的本质和通货膨胀。在回顾了漫长的金融史之后，我们能够领悟到的，或许只有"未来难以预测"这一点。即便如此，笔者还是希望，各位读者能够从这本粗略的金融史当中汲取一些有益的信息。

马特·里德利系列丛书

创新的起源：一部科学技术进步史
ISBN：978-7-111-68436-7

揭开科技创新的重重面纱，开拓自主创新时代的科技史读本

基因组：生命之书 23 章
ISBN：978-7-111-67420-7

基因组解锁生命科学的全新世界，一篇关于人类与生命的故事，华大 CEO 尹烨翻译，钟南山院士等 8 名院士推荐

先天后天：基因、经验及什么使我们成为人（珍藏版）
ISBN：978-7-111-68370-9

人类天赋因何而生，后天教育能改变人生与人性，解读基因、环境与人类行为的故事

美德的起源：人类本能与协作的进化（珍藏版）
ISBN：978-7-111-67996-0

自私的基因如何演化出利他的社会性，一部从动物性到社会性的复杂演化史，道金斯认可的《自私的基因》续作

理性乐观派：一部人类经济进步史（典藏版）
ISBN：978-7-111--69446-5

全球思想家正在阅读，为什么一切都会变好？

自下而上（珍藏版）
ISBN：978-7-111-69595-0

自然界没有顶层设计，一切源于野蛮生长，道德、政府、科技、经济也在遵循同样的演讲逻辑

推荐阅读

序号	中文书号	中文书名	定价
1	69645	敢于梦想：Tiger21创始人写给创业者的40堂必修课	79
2	69262	通向成功的交易心理学	79
3	68534	价值投资的五大关键	80
4	68207	比尔·米勒投资之道	80
5	67245	趋势跟踪（原书第5版）	159
6	67124	巴菲特的嘉年华：伯克希尔股东大会的故事	79
7	66880	巴菲特之道（原书第3版）（典藏版）	79
8	66784	短线交易秘诀（典藏版）	80
9	66522	21条颠扑不破的交易真理	59
10	66445	巴菲特的投资组合（典藏版）	59
11	66382	短线狙击手：高胜率短线交易秘诀	79
12	66200	格雷厄姆成长股投资策略	69
13	66178	行为投资原则	69
14	66022	炒掉你的股票分析师：证券分析从入门到实战（原书第2版）	79
15	65509	格雷厄姆精选集：演说、文章及纽约金融学院讲义实录	69
16	65413	与天为敌：一部人类风险探索史（典藏版）	89
17	65175	驾驭交易（原书第3版）	129
18	65140	大钱细思：优秀投资者如何思考和决断	89
19	64140	投资策略实战分析（原书第4版·典藏版）	159
20	64043	巴菲特的第一桶金	79
21	63530	股市奇才：华尔街50年市场智慧	69
22	63388	交易心理分析2.0：从交易训练到流程设计	99
23	63200	金融交易圣经II：交易心智修炼	49
24	63137	经典技术分析（原书第3版）（下）	89
25	63136	经典技术分析（原书第3版）（上）	89
26	62844	大熊市启示录：百年金融史中的超级恐慌与机会（原书第4版）	80
27	62684	市场永远是对的：顺势投资的十大规则	69
28	62120	行为金融与投资心理学（原书第6版）	59
29	61637	蜡烛图方法：从入门到精通（原书第2版）	60
30	61156	期货狙击手：交易赢家的21周操盘手记	80
31	61155	投资交易心理分析（典藏版）	69
32	61152	有效资产管理（典藏版）	59
33	61148	客户的游艇在哪里：华尔街奇谈（典藏版）	39
34	61075	跨市场交易策略（典藏版）	69
35	61044	对冲基金怪杰（典藏版）	80
36	61008	专业投机原理（典藏版）	99
37	60980	价值投资的秘密：小投资者战胜基金经理的长线方法	49
38	60649	投资思想史（典藏版）	99
39	60644	金融交易圣经：发现你的赚钱天才	69
40	60546	证券混沌操作法：股票、期货及外汇交易的低风险获利指南（典藏版）	59
41	60457	外汇交易的10堂必修课（典藏版）	49
42	60415	击败庄家：21点的有利策略	59
43	60383	超级强势股：如何投资小盘价值成长股（典藏版）	59
44	60332	金融怪杰：华尔街的顶级交易员（典藏版）	80
45	60298	彼得·林奇教你理财（典藏版）	59
46	60234	日本蜡烛图技术新解（典藏版）	60
47	60233	股市长线法宝（典藏版）	80
48	60232	股票投资的24堂必修课（典藏版）	45
49	60213	蜡烛图精解：股票和期货交易的永恒技术（典藏版）	88
50	60070	在股市大崩溃前抛出的人：巴鲁克自传（典藏版）	69
51	60024	约翰·聂夫的成功投资（典藏版）	69
52	59948	投资者的未来（典藏版）	80
53	59832	沃伦·巴菲特如是说	59
54	59766	笑傲股市（原书第4版.典藏版）	99